Inhalt

Tour 1	**Durch die Mönau nach Obermembach**	4
	Gasthaus Gumbrecht Obermembach	
Tour 2	**In die Aischgründer Weiherlandschaft nach Neuhaus**	14
	Felsenkeller Neuhaus	
Tour 3	**Entlang der Regnitz in die Meerettich-Stadt Baiersdorf**	28
	Fischküche Reck in Oberndorf	
Tour 4	**Durch das Vorland der Fränkischen Schweiz zum Hetzleser Berg**	40
	Schwarzer Adler in Hetzles	
Tour 5	**Vier-Schlösser-Tour um Adlitz**	52
	Zur Ludwigshöhe in Adlitz	
Tour 6	**Im Schwabachtal nach Neunkirchen am Brand**	64
	Rosenbacher Biergarten	
Tour 7	**Entlang des Reichswalds zu den Kreuzweihern**	76
	Gaststätte Am Kreuzweiher	
Tour 8	**Über Ohrwaschel und Teufelsbadstube in das Kirschendorf Kalchreuth**	84
	Schloss-Gaststätte Kalchreuth	
Tour 9	**In das Knoblauchsland nach Kraftshof**	98
	Gasthof Zum Alten Forsthaus in Neunhof	
Tour 10	**Wehrkirchen an Zenn, Aurach und Regnitz**	112
	Michelbacher Bürgerstuben in Obermichelbach	
Tour 11	**Im Aurachtal nach Herzogenaurach**	124
	Landgasthof Bär in Burgstall	

EXKURSE

Kosbacher Damm	
Karpfenteichwirtschaft	
Teufelskrallen	
Geologie des Albvorlandes	
Historische Grenzen im Erlanger Umland	54
Die Seku – Erlanger Eisenbahngeschichte	71
Südumgehung – Verkehr im Schwabachtal	82
Der Sebalder Reichswald	90
Knoblauchsland	104
Wehrkirchen um Erlangen	118
Textilindustrie in der Region	130

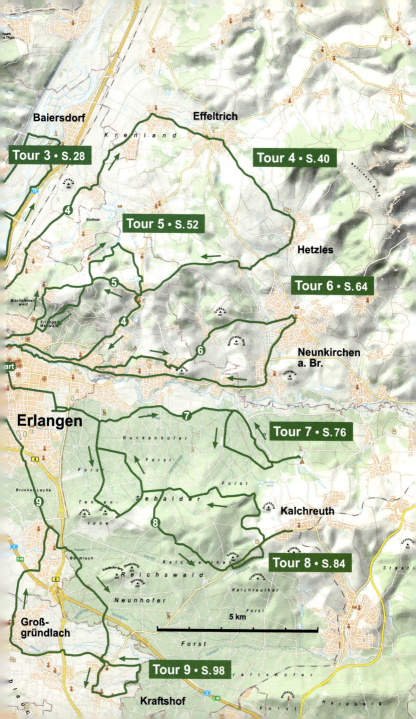

Tour 1: Durch die Mönau nach Obermembach

🏠 **Einkehrziel:** *Gasthaus Gumbrecht Obermembach*
🏠 **weitere Einkehrmöglichkeiten** *in: Beutelsdorf*

Route >>> *Schlossplatz Erlangen – Wöhrmühle – Seelöcher/Weihergrundstück – Steinforstgraben/RMD-Kanal – Neuweiher/Dummetsweiher – Kosbacher Altar – Untermembach/Mittelmembach/Obermembach – Beutelsdorf – Haundorf – Häusling – Bimbachtal/Doktorsweiher – Kirche Büchenbach – Wöhrmühle – Schlossplatz Erlangen*

Strecke: ca. 23km, geringe Steigungen, ausgebaute Wege
Anschluss an andere Touren:
✓ von Untermembach an Tour 2
✓ von Beutelsdorf über den Flugplatz Herzogenaurach an Tour 11

🚲 *...vom Schlossplatz Richtung Westen in die Paulistr., zwei Straßen kreuzen und rechts hinunter durch die Eisenbahnunterführung*
🚲 *...geradeaus an der Gerberei vorbei, nach der Autobahnunterführung links in die ausgewiesene Fahrradstraße zur Wöhrmühle (altdt. „Wöhrd" = Insel, Sandbank)*
🚲 *...auf dem Wöhrmühlsteg über die Regnitz, an der Gabelung den mittleren der drei Wege nehmen („An den Seelöchern")*

❶ Seelöcher und Weihergrundstück

Früher gab es in diesem Gebiet mehrere Wasserlöcher, die nach und nach verfüllt wurden, um Grünland zu gewinnen. 1983 wurde

EXKURS: KOSBACHER DAMM

Ende der 1960er Jahre entstand der Büchenbacher Damm, neben Dechsendorfer und Herzogenauracher Damm die dritte hochwassersichere Straße über das Regnitztal. Doch für die weitere Siedlungsentwicklung im Stadtwesten galt der Kosbacher Damm als unumgänglich. Die geplante Trasse führt von der Werner-von-Siemens-Str. bis nach Büchenbach-Nord und soll langfristig mit dem Adenauerring an den Büchenbacher Damm anschließen. 1971 wurde der erste Abschnitt über den Main-Donau-Kanal fertiggestellt und 1977 mit einer verkürzten Variante des zweiten Abschnitts begonnen. Die Werner-von-Siemens-Str. wurde ab der Nürnberger Str. als Hochstraße bis an die A73 weitergeführt und 1987 auf Drängen der Firma Siemens sechsspurig ausgebaut. Finanzierungsprobleme und ökologische Bedenken schieben eine Fertigstellung des Kosbacher Damms aber bis heute auf. Da das umstrittene Straßenbauprojekt den Talraum an seiner breitesten Stelle zu zerschneiden droht, werden mögliche Alternativen wie ein Ausbau des Dechsendorfer Damms und die Realisierung einer Stadt-Umland-Bahn diskutiert.

das Gelände auf Initiative der Tümpelgruppe (heute Naturschutzgemeinschaft Erlangen e.V.) renaturiert. Zum Schutz von Flora und Fauna kann die Vielfalt wertvoller Lebensräume von einem Turm aus beobachtet werden.

Gegenüber liegt das **Weihergrundstück**, Barthelmeßstr. 32, erkennbar am großen Windrad. 1962 als Freizeitanlage gestaltet, wird das inzwischen städtische Gelände seit 1983 von der Naturschutzgemeinschaft zum Naturkunde-Erlebniszentrum ausgebaut. Um das Altwasser lassen sich eine Vielzahl regionaltypischer Lebensräume erkunden und verschiedene Tiere unserer Heimat teils in Terrarien und Aquarien, meist aber im Freiland beobachten.
Öffnungszeiten: in den Sommermonaten jeweils 1. u. 3. So im Monat, 10–17 Uhr, Eintritt frei

🚴 ... Wegweiser Büchenbach-Nord folgen (immer Hauptweg), über die Schallershofer Straße und an der Schule vorbei in den Rabenweg

🚴 ... durch die Kanalunterführung und entlang des Steinforstgrabens

❷ Steinforstgraben

Der Steinforstgraben, ein kleiner Seitenbach der Regnitz, entspringt westlich der Mönau, durchfließt mehrere Weiher, um dann den Alterlanger See zu speisen. Nach Begradigung und Ausbau, vor allem beim Bau des Kanals, blieb vom natürlichen Gewässer nur noch mehr eine bloße Abflussrinne. 1986 wurde der Bach renaturiert und bietet heute Naherholungs- und Lebensraum.

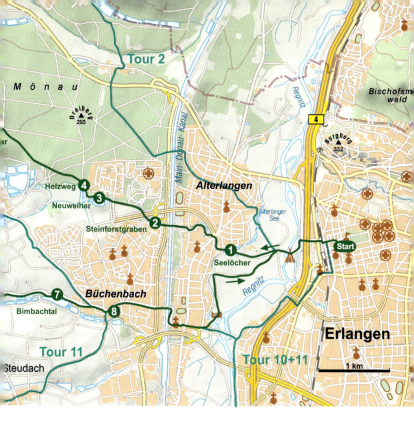

🚲 ... durch den Wald, links des Weges liegen nun einige Weiher

❸ Neuweiher

Fischweiher wohin das Auge blickt: aufgrund günstiger Bodenverhältnisse und einer von jeher starken Nachfrage nach Fastenspeisen bestimmen sie die Talräume im Erlanger Westen. Doch Rationalisierung und Intensivierung der Teichwirtschaft gehen zu Lasten artenreicher Lebensräume. Dank des Bund Naturschutz wurde der westliche Neuweiher als naturnahes Amphibienlaichgewässer gestaltet.

🚲 ... rechts auf den Holzweg in Richtung Mönau

Nachbau: Der Kosbacher Altar in der Mönau

❹ Holzweg

Der Holzweg, seit 1588 urkundlich belegt, ist traditioneller Verbindungsweg von Büchenbach in das Waldgebiet Mönau. Auf deren ca. 635ha großen Fläche stehen v.a. Kiefern, 1966 wurde die Mönau Landschaftsschutzgebiet und 1982 Bannwald. Der Holzweg diente früher der Versorgung mit Bau- und Brennmaterial, Streu sowie für den Viehtrieb. Durch Nutzung und Erosion erhielt der Holzweg einen Hohlweg-Charakter und wurde später wieder aufgefüllt. Seit 1995 ist er „Geschützter Landschaftsbestandteil", auf den Magerrasen in seinen Randbereichen finden sich seltene Pflanzenarten wie die Sandgrasnelke. Allerdings war und ist der Holzweg durch Bauverkehr gefährdet. Einen Rest früherer ländlicher Idylle vermittelt Heinrich Bernards Schafstall am Holzweg. Schäfer Bernard ist der einzige in der Umgebung von Erlangen, der noch nach alter Väter Sitte mit seinen Tieren von Weide zu Weide über Land zieht.

Einkehr am Weiher: Der Biergarten in Obermembach

Links kann man auf die Dammkrone des Dummetsweihers steigen. Der Name erinnert an die Zugehörigkeit zum Bamberger Dompropst. Zusammen mit den anderen Kosbachern Weihern bildet er die Grundlage für die heutige Teichwirtschaft Oberle in Kosbach.

🚲 *... immer geradeaus durch den Wald, den letzten Weg vor der Straße links*
🚲 *... über die asphaltierte Forststraße und einen leichten Anstieg zum Kosbacher Altar an der rechten Wegseite*

5 Kosbacher Altar

1913 wurde in der Mönau ein Grabhügel von etwa 18m Durchmesser entdeckt. Laut wissenschaftlichen Grabungen Ende der 1970er Jahre fanden hier von der jüngeren Urnenfelderzeit (etwa 10./9. Jh. v. Chr.) bis in die Frühlatènezeit (5. Jh. v. Chr.) mehrere Bestattungen statt. Am westlichen Rand des Grabhügels wurde eine etwa 2m×2m große Steinanordnung mit vier kurzen Eckpfeilern und einem Mittelpfeiler freigelegt. Die genaue Funktion des so genannten „Kosbacher Altars" ist bislang ungeklärt. Um das vorgeschichtliche Bodendenkmal zu erhalten und der Öffentlichkeit zugänglich zu machen, wurden der Hügel rekonstruiert, eine wetterbeständige Kopie des Kosbacher Altars angefertigt und eine Informationstafel aufgestellt.

> 🚴 ... weiter auf dem Waldweg, bald rechts, dann den Weg geradeaus (Schinderslinie), nach 500m links in die Membacherlinie
> 🚴 ... unter der A3 hindurch, an den Weihern rechts auf den Membacher Weg nach Untermembach hinein
> 🚴 ... in Untermembach links in die Auracher Str., dann geradeaus in die Hochstr. Richtung Mittelmembach und Obermembach

---

🏠 Einkehrziel: Gasthaus Gumbrecht
Haus Nr. 6, 91093 Obermembach, Tel. 09135-3140
Öffnungszeiten: täglich 9–23 Uhr, Di Ruhetag
Der herrliche Biergarten mit Selbstbedienung liegt mitten in der Natur. Man sitzt eher sonnig auf der großen Wiese oder unter Obstbäumen direkt am Weiher. Typisch fränkische Brotzeiten (bis 20 Uhr) aus eigener Hausschlachtung, sehr gute Sülze, Mi Schlachtschüssel, nur Do warme Küche, in der Saison manchmal auch Karpfen.
Bier: Halbe Tucher 1,80 Euro, St. Georgen, außerdem Beerenweine.

> 🚴 ... weiter Richtung Westen in den Wald, dann links, an der Straße Hammerbach-Beutelsdorf (Parkplatz) links nach Beutelsdorf

❻ Beutelsdorf

Das kleine Haufendorf soll seinen Namen einem Mann namens Butili verdanken, der um 1350 hier ansässig war. 1898 spendeten Landwirte die Mittel zum Bau einer Dorfkapelle. Der neugotische

Backsteinbau ist einmal im Jahr Zwischenstation der Flurprozession der Pfarrei St. Magdalena aus Herzogenaurach. Heute zählt Beutelsdorf 281 Einwohner.

> **Einkehrmöglichkeit: Gasthof St. Hubertus**
> Hubertusstr. 15, 91047 Beutelsdorf, Tel. 09132-9595
> **Öffnungszeiten:** Mo–Fr 11–14 Uhr u. 17–21 Uhr, Sa 11–20 Uhr, Sonn- u. Feiertag 11–14 Uhr u. 17–22 Uhr, Di Ruhetag
> **Bier:** Halbe Tucher 2 Euro

🚲 ... *die Verbindungsstraße Heßdorf–Herzogenaurach kreuzen, weiter auf der Beutelsdorfer Str. nach Haundorf (674 Einwohner)*
🚲 ... *weiter die Haundorfer Str. Richtung Erlangen, unter der A3 hindurch, durch Häusling (1468 erstmals genannt, 1967 eingemeindet, heute knapp 200 Einwohner)*
🚲 ... *nach Häusling Radweg rechts neben der Straße entlang*

❼ Bimbachtal und Doktorsweiher

Der Bimbach entspringt westlich von Beutelsdorf und mündet auf Höhe des Westbades in die Regnitz. Der Talraum wird von Weiherketten geprägt und größtenteils landwirtschaftlich genutzt. Dennoch finden sich hier mehrere kleinere Biotopflächen, so bietet u.a. der Doktorsweiher, dessen Name auf einen ehemaligen Besitzer zurückzuführen ist, Rückzugsmöglichkeiten für seltene Tiere. Seit 1983 als Landschaftsschutzgebiet ausgewiesen, wird das Bimbachtal vom Ringschluss zwischen Adenauerring und Büchenbacher Damm bedroht. Eine Variante der Talquerung wäre eine etwa 70m lange Brücke in Höhe des Doktorsweihers, eine andere würde weiter westlich unter der Hochspannungsleitung verlaufen. Eine dritte Variante würde zwar die Weiherkette nicht berühren, aber den Ortsrand von Häusling streifen.

🚲 ... *weiter auf der Häuslinger Str. nach Büchenbach*

8 Büchenbach

An der Dorflinde, Kreuzung Häuslinger/Steudacher Str., steht eine Pietà von 1758, an der alljährlich eine Maiandacht abgehalten wird, zur Fronleichnamsprozession wird davor ein Altar errichtet. 996 wird Büchenbach erstmals genannt, Urkunden belegen einen großen Königshof aus karolingischer Zeit und eine Kapelle für die Urpfarrei. Die Kath. Pfarrkirche St. Xystus wurde sehr wahrscheinlich an der Stelle des ehemaligen Königshofes erbaut. Der heutige Bau der ehemaligen Wehrkirche entstand hauptsächlich um 1400 anstelle eines spätromanischen Gotteshauses und steht inmitten des erhöht gelegenen befestigten Kirchhofs. Er wird umgeben von einer 3–4m hohen Mauer mit einem z.T. noch erkennbaren Wassergraben. Von Norden kommt man über eine steinerne Brücke mit der Sandsteinstatue des heiligen Nepomuk (1746) in den Innenbereich, der bis

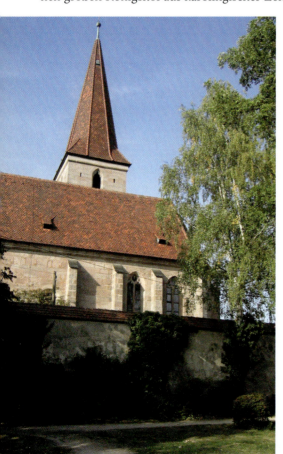

Wehrkirche St. Xystus in Büchenbach

1913 als Friedhof genutzt wurde. Der Kirchhof wurde 1952 eingeebnet und in eine Grünanlage umgewandelt. In dem 42m hohen quadratischen viergeschossigen Turm hängt eine der ältesten Erlanger Glocken. Obwohl der spätgotische, gewölbte Chor und einige Skulpturen aus der Zeit um 1500 erhalten geblieben sind, wird der Innenraum durch die 1706 einsetzende Barockisierung geprägt. Ab 1875 erfolgte die neugotische Umgestaltung.
1923 nach Erlangen eingegliedert, entwickelte sich Erlangens ältester Stadtteil ab Ende der 1960er Jahre zum größten Neubaugebiet der Stadt und zählt heute über 15000 Einwohner.

🚲 ... *weiter geradeaus entlang der Dorfstr., über die Frauenauracher Str. auf den Kapellensteg über den Kanal*

🚲 ... *über die Schallershofer Str., schräg links über den Parkplatz vom Freibad West hinunter in den Regnitzgrund, am Minigolfplatz rechts auf den Siedlerweg zurück zur Wöhrmühle*

Tour 2 In die Aischgründer Weiherlandschaft nach Neuhaus

🏠 **Einkehrziel:** *Felsenkeller Neuhaus*
🏠 *weitere* **Einkehrmöglichkeiten** *in: Röttenbach, Neuhaus*

Route >>> *Schlossplatz Erlangen – Alterlangen – Dechsendorfer Weiher – Röttenbach – Neuhaus – Buch – Poppenwind – Mohrhof – Hesselberg – Niederlindach – Hannberg – Heßdorf – Untermembach – Kosbach – Schlossplatz Erlangen*

Strecke: ca. 38km, leichte Steigungen, schattige Wald- und Schotterwege, Landstraße
Anschluss an andere Touren:
✓ von Röttenbach Richtung Baiersdorf an Tour 3
✓ von Untermembach an Tour 1

🚴 *...vom Schlossplatz Richtung Westen in die Paulistr., zwei Straßen kreuzen und rechts hinunter durch die Eisenbahnunterführung*

🚴 *...geradeaus an der Gerberei vorbei, nach der Autobahnunterführung links in die ausgewiesene Fahrradstraße zur Wöhrmühle (altdt. „Wöhrd" = Insel, Sandbank)*

🚴 *...auf dem Wöhrmühlsteg über die Regnitz, an der Gabelung den rechten der drei Wege nehmen („Wiesenweg")*

❶ Alterlanger See

Gespeist vom Steinforstgraben (siehe Tour 1), entwässert dieser Regnitz-Altwasserarm über den Adergraben in die Regnitz.

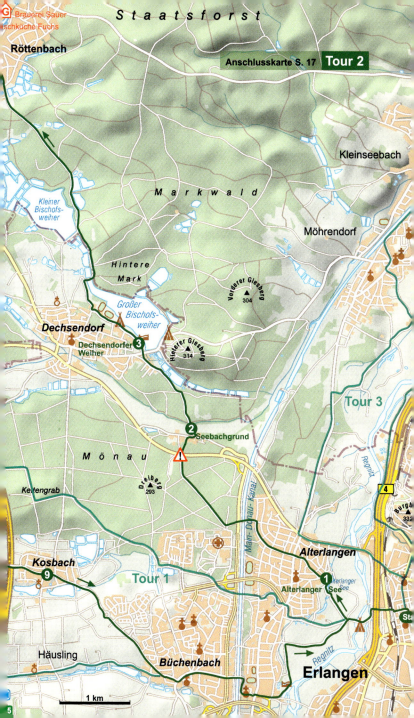

Alterlangen ist die um 1002 genannte villa erlangon, d.h. die Muttersiedlung der Altstadt Erlangen. Seine Anfänge dürften frühestens in die Zeit um 800 zurückreichen. 1920 erfolgte die Eingemeindung nach Erlangen.

> 🚲 ... rechts halten, die Straße „Am See" entlang, links in die Alterlanger Str., am Gasthaus Drei Linden und dem Hofladen vorbei, rechts ins „Erlenfeld" durch den alten Dorfkern von Alterlangen, dann halblinks in die Straße „Lerchenbühl"
> 🚲 ... geradeaus über die Möhrendorfer Str., links auf den Membacher Steg über den Main-Donau-Kanal
> 🚲 ... rechts halten, durch die Mönau Richtung Dechsendorf, über die große Weisendorfer Str. der Blaukreuz-Markierung folgen, rechts in den Heusteg (Rest der alten Durchgangsstraße nach Erlangen) und am Parkplatz links in den Seebachgrund (Info-Tafel)

❷ Seebachgrund

Der Seebach entspringt westlich von Weisendorf und passiert zunächst eine ausgedehnte Weiherkette. Bei Dechsendorf münden Mohrbach und Membach in den Seebach, dessen weiterer Lauf an den nördlichen Wiesenrand verlegt wurde. Früher mündete der Bach bei Kleinseebach in die Regnitz, wo er einst ein Wasserschöpfrad und eine Mühle antrieb, heute fließt er größtenteils in den Kanal.
Der Seebachgrund mit seinen ausgedehnten Feuchtwiesen und auch Trockenbiotopen hat einen hohen Stellenwert für den Arten- und Biotopschutz, 56ha sind als Naturschutzgebiet vorgeschlagen.

> 🚲 ... über den Seebach durch den Wald Richtung Dechsendorfer Weiher
> 🚲 ... am Giesbeetweiher entlang nach Dechsendorf, vor dem Restaurant rechts und über die Naturbadstr. geradeaus in die Campingstr.

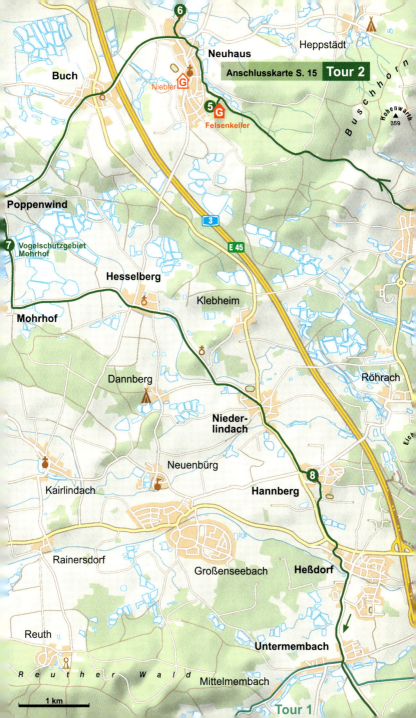

Exkurs: Karpfenteichwirtschaft

Der Karpfen (Cyprinus carpio) stammt ursprünglich aus Asien und wurde zwischen dem 13. und 15. Jh. in Europa verbreitet. Den Klöstern des Mittelalters ist es zu verdanken, dass aus der seltenen Delikatesse heute eine in Franken beliebte (Fasten-) Speise wurde: Denn die Klöster legten auf den damals infolge des hohen Grundwasserspiegels sumpfigen, ertragsarmen Flächen des Aischgrundes Teiche an, die bereits im Spätmittelalter zu einem Zentrum der Teichwirtschaft wurden. Mit zunehmender Bevölkerungszahl stieg Mitte des 18. Jh. der Bedarf an Getreide und damit sein Preis, während tierische Produkte an Wert verloren. Dadurch verschwand in weiten Teilen Deutschlands die Teichwirtschaft. Durch die günstige Bodenbeschaffenheit im Aischgrund und die nah gelegenen Absatzmärkte in Nürnberg, Erlangen und Fürth blieben hier viele Teiche erhalten. Erst um 1880, als der Getreidepreis mit den Importen aus Übersee wieder sank, wuchs die Anzahl der Teiche wieder. Durch den Verlust der ehemaligen Kerngebiete der Karpfenzucht, wie z.B. Schlesien, Böhmen und Mähren, gewann der Aischgrund nach 1945 überregional an Bedeutung. So bildet der Aischgrund als größtes zusammenhängendes Teichgebiet der Bundesrepublik den Schwerpunkt der Karpfenteichwirtschaft in Bayern. In Mittelfranken wird rund ein Fünftel der deutschen Speisekarpfen produziert, davon allein 800t pro Jahr in den Landkreisen Erlangen-Höchstadt und Neustadt an der Aisch/Bad Windsheim. Halbiert gebacken, blau oder sauer sind die fränkischen Karpfen in den Monaten mit „r" von September bis April im Ange-

❸ Dechsendorfer Weiher

Das heutige Dechsendorf wuchs aus den beiden Ortsteilen Großdechsendorf (1315) und Kleindechsendorf (1348) zusammen und wurde 1972 nach Erlangen eingemeindet.
Die am Rand des Aischgrunds gelegenen Dechsendorfer Weiher werden erstmals 1364/67 genannt. Mit dem großen Bischofswei-

bot. Drei Jahre braucht der „Brotfisch" der Teichwirte, bis er sich zum gewünschten rund 1500g schweren Speisefisch entwickelt. Wenig Schuppen und festes, fettarmes Fleisch zeichnen den hochrückigen Aischgründer „Spiegel"-Karpfen aus. Seine Zuchtform soll er übrigens der Schlauheit der Mönche verdanken: Fastenspeisen sollten nämlich nicht über den Tellerrand hinausreichen, da bot ein runder Fisch mit hohem Rücken natürlich mehr als ein langer flacher.

Der Aischgrund umfasst neben dem Einzugsgebiet der Aisch auch kleinere Bäche wie Lindach, Mohrbach und Seebach, die Bach- oder Quellweiher reihen sich hier zu kilometerlangen Ketten, die das Gebiet deutlich prägen. Hervorragende geologische Voraussetzungen zur Anlage von Weihern – undurchlässige Lettenschichten der Keuperstufe – sowie eine hohe durchschnittliche Jahrestemperatur von 8–9°C begründen die intensive Zucht im Aischgrund. Negativ wirken sich dagegen die im Mittelfränkischen Becken vorherrschenden geringen Niederschläge aus. In regenarmen Jahren sind besonders die „Himmelsweiher" – so werden die Teiche genannt, die sich nur durch Niederschläge füllen – vom Austrocknen bedroht. Die Fischteiche haben auch große Bedeutung für Landschaft und Natur: sie dienen der Wasserrückhaltung und vermindern so Hochwässer und Erosionsschäden, sie verbessern das Kleinklima und sind wichtige Glieder in der Vernetzung von Lebensräumen für Tiere und Pflanzen.

her (41ha) schufen die bischöflichen Karpfenzüchter zu Bamberg die bis heute größte zusammenhängende Wasserfläche im Erlanger Raum. Ab den 1920er Jahren entwickelte sich der Dechsendorfer Weiher zu einem beliebten Badeweiher und wurde Mitte der 1970er von der Stadt Erlangen zu einem überregional bekannten Naherholungsgebiet ausgebaut. Doch die zunehmende Nutzung als Badesee, Biotop, Fischgewässer, Hochwasserrückhaltebe-

Am Dechsendorfer Weiher

cken und Freizeitvergnügen sommers wie winters führte zu einer Verschlechterung der Wasserqualität. Nach wiederholt starkem Algenwachstum wurden nun die Kläranlage Röttenbach ausgebaut und der Weiher gründlich entschlammt.

- 🚲 ... am Knick nicht der Campingstr. folgen, sondern geradeaus („Karpfenradweg" bzw. „Main-Donau-Weg"), dann rechts
- 🚲 ... über den Steg, dann links Richtung Röttenbach, am kleinen Bischofsweiher (linker Hand) vorbei durch die schöne Waldlandschaft
- 🚲 ... am Ortseingang von Röttenbach informieren einige Tafeln über Teichwirtschaft und Karpfenzucht, im Ort an der Hauptstr. rechts

4 Röttenbach

Etwa um das Jahr 1000 rodeten hier erste Siedler die Wälder und kultivierten im Laufe der Jahrhunderte die „nutzlosen" Sümpfe zu Weiherketten. Im 13. Jh. gründeten die Truchseß von Pommersfelden Röttenbach, heute zählt der selbstständige Ort gut 4700 Einwohner. Auf dem 1433 erstmals erwähnten Hof, heute Brauerei Sauer, entstand ein Schloss, das trotz Wassergrabens im Bauernkrieg 1525 niederbrannte. Von der Hauptstraße geht es rechts in die Pfarrgasse zur Kath. Pfarrkirche St. Mauritius. Als das Kirchlein der 1421 gegründeten Pfarrei die wachsende Zahl der Gläubigen nicht mehr fassen konnte, setzte man 1814 sonderbarerweise dem Turm ein Stockwerk auf. 1844 riss man das alte Kirchlein ab, der Turm blieb stehen und 1850 wurde die neue Kirche im Basilikastil fertiggestellt.

> **Einkehrmöglichkeit: Brauerei Sauer**
> Hauptstr. 45, 91341 Röttenbach, Tel. 09195-928194 u. 1264
> **Öffnungszeiten:** Mo–Fr 13–1 Uhr, Sa 11–3 Uhr, So ab 10:30 Uhr, kein Ruhetag
> schattiger Biergarten an der Straße, griechische Küche, Storchennest auf dem Bräuhaus
> **Bier:** Halbe aus eigener Erzeugung 1,80 Euro
>
> **Einkehrmöglichkeit: Fischküche Fuchs**
> Hauptstr. 62, 91341 Röttenbach, Tel. 09195-7865 u. 8924
> **Öffnungszeiten:** täglich 11:30–14 Uhr u. 17–21 Uhr, Do Ruhetag
> Karpfen aus eigenen Weihern, Biergarten
> **Bier:** Halbe Leikeim 1,80 Euro

🚲 ... nach der Brauerei Sauer von der Hauptstraße links in den Kaibachweg, immer geradeaus aus dem Ort hinaus

🚲 ... bergauf in den Wald hinein, dann bergab (Tafeln „Waldlehrpfad"), kurz vor dem Ende des Waldes linker Hand zum Felsenkeller

Felsenkeller Neuhaus unter schattigen Buchen

❺ Felsenkeller Neuhaus

Felsenkeller bestehen in der Gemeinde Adelsdorf, zu der Neuhaus gehört, nachweislich seit Anfang des 18. Jh. und dienen der kühlen Lagerung des Bieres. Zu Beginn des 19. Jh. erlebten sie eine Blüte, als außer den Bierbrauern und Gastwirten auch Hausbrauer ihre Keller in den Stein schlugen. Für den Kellerbau war der Burgsandstein entscheidend. Das Gestein ist so hart, dass sich die Wände ohne Befestigung selbst tragen. Es ist aber weich genug, um in Handarbeit mit einfacher technischer Ausrüstung Stollen in den Fels zu schlagen. Für eine gute Belüftung der Keller wurde nicht zu tief gegraben und es wurden Luftschächte angelegt, damit die feuchte Luft die gelagerten Vorräte nicht vernichtete. Vom Haupteingang zweigen oft Seitengänge ab, die jeweils einem anderen Besitzer gehören. Die Bierfässer lagern auf Holzdielen, die auf kniehohen Steinsockeln liegen, so dass man die Bierkrüge bequem unter den Zapfhahn stellen kann. Die mit Mauerwerk umrahmten Eingänge sind häufig von Kellerhäuschen überbaut. Aus dem ursprünglichen Unterstand für Zapfhähne, Bierkrüge und leere Fässer entwickelten sich beliebte Ausflugspunkte vor allem in der warmen Jahreszeit. Einige Bierkeller besitzen Schankrecht („Schankkeller") und sind mit festen Sitzgelegenheiten und Kinderspielplatz ausgestattet. Neben Getränken werden meist auch deftige und preiswerte Brotzeiten angeboten.

> **Einkehrziel: Löwenbräu Felsenkeller, Fam. Wirth**
> Neuhauser Hauptstr. 3, 91325 Adelsdorf Ortsteil Neuhaus, Tel. 09195-7221
> **Öffnungszeiten:** bei schönem Wetter Mo–Fr ab 17 Uhr, Sa ab 16 Uhr, Sonn- u. Feiertag ab 11 Uhr
> Der Felsenkeller des Brauereigasthofs „Zum Löwenbräu" mit Spielplatz und alter Kegelbahn ist wunderschön in einem Laubwald bei Neuhaus gelegen. Auf der Speisekarte stehen vor allem fränkische Brotzeiten und Spezialitäten, sonntags wird auch warmes Essen angeboten. Eine weitere Spezialität sind die Schnäpse aus der eigenen Brennerei.
> **Bier:** Halbe Löwenbräu Kellerbier 1,80 Euro

… vom Felsenkeller aus links nach Neuhaus hinein, rechts halten

… geradeaus über die Adelsdorfer Str., vorbei am Fischerhäuschen (rechter Hand) auf die Bucher Str., rechts in die Schlossstr. zu Kapelle und Wasserschloss

6 Wasserschloss Neuhaus

Der heutige Renaissancebau ist Nachfolger einer älteren, in das Mittelalter zurückreichenden Anlage. Die Buckelquader im unteren Abschnitt des Turms, der auf noch älterem Mauerwerk steht, deuten auf das 11. bis 13. Jh. Die spätgotische Hauskapelle stammt aus dem Jahr 1528 und hundert Jahre später setzte man dem Turm eine Haube auf. Johann Philipp v. Crailsheim baute 1612–1618 die Burg um, die sich seit 1544 in Familienbesitz befindet. An der Eingangsseite befand sich damals eine Zugbrücke.

Das Wasserschloss in Neuhaus

Neuhaus galt als „fester Platz" und überdauerte auch den 30-jährigen Krieg. Es bot nicht nur Sicherheit für Mensch und Vieh, sondern diente auch als Gefängnis. 1796 wurde das Schloss von den Franzosen geplündert, 1832 war es unbewohnbar. Freiherr Sigmund v. Crailsheim ließ es 1902 restaurieren. Durch Brandstiftung noch im selben Jahr wurde die Vorburg zerstört, an deren Stelle man ein Forsthaus baute.

Neuhaus selbst bestand ursprünglich aus den drei Orten Schwabenberg, Grub und Neuhaus. Die Crailsheimer verstanden es, sich eine möglichst weitgehende Unabhängigkeit vom mächtigen Bamberger Bischof zu bewahren, so dass der Ort noch heute eine evangelische Insel im umliegenden ehemals katholischen Bamberger Land ist. Als der Bischof im 17. Jh. versuchte, die Gegenreformation in Neuhaus durchzusetzen, ermordete man kurzerhand den katholischen Geistlichen – seitdem wurde die kirchliche Eigenständigkeit nicht mehr angetastet.

Ausgehend vom **Fischerhäuschen** (Fischerei- und Jagdmuseum, **Öffnungszeiten:** Apr.–Okt. So 13–17 Uhr) am Ortsrand von Neuhaus (Parkplatz) gibt es einen 2km langen Fischerei-Rundweg und einen 3km langen Lehrpfad über das Zusammenspiel von Jagd, Forst und Naturschutz.

Mohrhofer Weiherlandschaft aus der Luft

> **⌂ Einkehrmöglichkeit: Landgasthof Niebler**
> Neuhauser Hauptstr. 30, 91325 Adelsdorf Ortsteil Neuhaus,
> Tel. 09195-8682
> **Öffnungszeiten:** Mo 17:30–23 Uhr, Di–So 11:30–14 Uhr u.
> 17:30–23 Uhr, Mi Ruhetag
> warme Fisch- und regionale Spezialitäten, Biergarten
> **Bier:** Halbe Maisel Bamberg 1,80 Euro

🚲 ... auf dem Karpfenradweg von Neuhaus über die A3 nach Buch

🚲 ... in Buch geradeaus Richtung Poppenwind, später zur Linken schöner Blick auf das Weihergebiet um Mohrhof

🚲 ... in Poppenwind links hinab in die Mohrhofer Weiherlandschaft

❼ Vogelschutzgebiet Mohrhof

Das Gebiet rings um den Mohrhof zwischen Poppenwind, Hesselberg und Biengarten gehört zu den schönsten in der Aischgründer Kulturlandschaft. Fast 130 Hektar Wald, Wiesen und Weiher wurden hier bereits 1982 unter Naturschutz gestellt. In den letzten 20 Jahren wurden hier insgesamt 240 Vogelarten gezählt. Durch extensive Teichwirtschaft versucht man heute diese einmalige Landschaft zu erhalten. Die kleinteiligen Wasserflächen gelten als überregional bedeutsames Rast- und Brutgebiet zahlreicher Wasservögel. Mit dem Fernglas kann man Gänse und Watvögel bei ihrem Durchzug im März/April und August/September sowie Brutvögel wie seltene Taucher-, Enten- und Singvogelarten beobachten. Der seltene Schwarzhalstaucher hat hier seine größte Brutdichte in Mitteleuropa, auch Wasserralle und verschiedene Rohrsängerarten brüten hier noch. Bekanntheit erlangten die Mohrhofweiher durch Heinz Sielmann, der hier eine Reihe seiner Filmaufnahmen über Wasservögel wie z.B. den Graureiher gedreht hat.

🚲 *... der Radweg führt zwischen Poppenwind und Mohrhof sowie Mohrhof und Hesselberg durch die Randzonen des Naturschutzgebiets – Achtung, das Verlassen der Wege ist verboten!*
🚲 *... in Hesselberg geradeaus nach Niederlindach*
🚲 *... auf dem Radweg parallel zur Straße weiter nach Hannberg, dort am Ortseingang links dem grünen Radschild Richtung Heßdorf folgen*

❽ Wehrkirche Hannberg

Auf einer kleinen Anhöhe am Rande des alten Dorfkerns steht die Kath. Pfarrkirche St. Maria und Katharina, ein Schmuckstück unter den Wehrkirchen. Schon von weitem sichtbar ist der 47m hohe und mit 1,10m Mauerstärke mächtige Kirchturm mit seinen vier Scharwachttürmchen. Die Anlage entstand 1486 und ist mit ihren Ausmaßen von 70m×50m eine der größten Kirchenburgen ihrer Art. Die hohe Mauer und mehrere Türme mit außergewöhnlich vielen Schießscharten zeugen von ihrer Wehrhaftigkeit. Das spätgotische Langhaus wurde 1721–26 zu einem barocken Prachtbau umgestaltet. Drei Altäre von 1726, viele Heiligenfiguren aus dem 15. und 18. Jh. sowie Deckengemälde schmücken das Gotteshaus.

🚲 ... hinter der Kirche auf den Radweg parallel zur Straße, durch den Radtunnel nach Heßdorf hinein, dort rechts in die Membacher Str. nach Untermembach

🚲 ... in Untermembach nach der scharfen Rechtskurve links Richtung Wald auf den Membacher Weg, dann geradeaus, über die Autobahn nach Kosbach

9 Kosbach

1348 erstmals urkundlich erwähnt, wird Kosbach 1967 nach Erlangen eingemeindet und zählt heute knapp 1000 Einwohner. Seit dem späten Mittelalter werden die am Rande des Aischgründer Weihergürtels gelegenen Weiher um Kosbach für die Fischzucht genutzt. Nach und nach erwarb die Familie Nützel vom Bamberger Dompropst die Weiher, die noch heute die Grundlage für die Teichwirtschaft Oberle bilden.

Die Wehrkirche in Hannberg

🚲 ... von Kosbach nach Büchenbach, am Ende der Mönau-Str. links in die Häuslinger Str., weiter geradeaus entlang der Dorfstr., über die Frauenauracher Str. auf den Kapellensteg über den Kanal

🚲 ... über die Schallershofer Str., schräg links über den Parkplatz vom Freibad West hinunter in den Regnitzgrund, am Minigolfplatz rechts auf den Siedlerweg zurück zur Wöhrmühle

Tour 3 — Entlang der Regnitz in die Meerettich-Stadt Baiersdorf

Einkehrziel: *Fischküche Reck in Oberndorf*
weitere Einkehrmöglichkeiten *in: Baiersdorf, Möhrendorf*

Route >>> *Schlossplatz Erlangen – Werker – Alter Kanal – Wasserschöpfräder – Baiersdorf – Europakanal – Möhrendorf – Oberndorf – Alterlangen – Schlossplatz Erlangen*

Strecke: ca. 18km, keine Steigungen, asphaltierte/geschotterte Feld- und Radwege

Anschluss an andere Touren:
✓ von Baiersdorf über Igelsdorf an Tour 4
✓ von Baiersdorf Richtung Röttenbach an Tour 2
✓ von Möhrendorf Richtung Dechsendorf an Tour 2

... vom Schlossplatz nach Norden Richtung „Berg", über die Schwabach, dann in die Bayreuther Str.

... nach etwa 300m links ab, Wegweiser Fahrradweg „Möhrendorf" folgen, an der Schwabach entlang unter Eisenbahn- und Autobahnbrücke hindurch zu den Werkern

❶ Die Werker

Die Industriesiedlung „Werker" ist die Keimzelle der Erlanger Industrialisierung. Sie steht in engem Zusammenhang mit der ab 1686 erbauten Hugenottenstadt Christian-Erlang, doch wurde sie auf der Gemarkung der Altstadt errichtet, unmittelbar nördlich der Mündung der Schwabach in die Regnitz. Im 18. Jh. waren hier im Rahmen einer „Handwerker"-Siedlung (daher der Name) vier Mühlwerke (Papier-, Walk-, Schleif- und Mahlmühle), ein Eisen-

Ludwigskanal, Eisenbahn und Burgberg nach einer alten Ansicht

hammer und eine Spiegelfabrik ansässig. 1918 ging ein großer Teil der inzwischen stark verfallenen Werker – sie galten als „rotes" Stadtviertel – in Stadtbesitz über. Die bis 1922 ausgebaute Wasserkraftanlage „Werker" erzeugt noch heute jährlich 3 Mio. kWh und versorgt so rund 1000 Haushalte mit Strom. 1970 musste ein großer Teil der Werker dem Bau des Frankenschnellwegs weichen.

🚲 ...geradeaus, rechts am Klärwerk vorbei (seit 1957 in Betrieb, aktuell für 270000 Einwohner ausgebaut), hinter dem Klärwerk scharfe Rechtskurve, dabei links Blick in den mit Wasser gefüllten alten Kanal

❷ Ludwig-Donau-Main-Kanal

„*Donau und Main für die Schiffahrt verbunden, ein Werk von Karl dem Großen versucht...*"
793 ließ Karl der Große einen 3km langen Graben zwischen Altmühl und Schwäbischer Rezat anlegen, um so die europäische Wasserscheide zu überwinden. Das Unternehmen scheiterte an

den unaufhörlichen Regengüssen und den in der Folge auftretenden Einbrüchen. Geblieben ist die 500m lange „Fossa Carolina" (Karlsgraben) bei Treuchtlingen.

„...durch Ludwig I. König von Bayern neu begonnen und vollendet 1846."

In nur 10 Jahren Bauzeit entstand der Ludwig-Donau-Main-Kanal mit seinen 100 Schleusen: 173km lang, 16m breit und 1,50m tief. Das Frachtaufkommen erreichte 1850 mit 200000t/a seinen Höhepunkt. 1843 wurde der Abschnitt Bamberg–Nürnberg eröffnet, doch der Nutzen für die Erlanger Brauereien währte nur kurz, die Konkurrenz der Eisenbahn bewirkte den Verfall des Ludwigskanals. Der Transport durch Lastkähne, im Treidelverkehr von Pferden gezogen, dauerte bis etwa 1930 an. Nach 1950 wurde der Kanal aufgelassen und ab 1970 fiel er dem Bau des Frankenschnellweges zum Opfer. Der BUND kämpfte 1976 gegen die Streckenführung der Autobahn zwischen Erlangen und Baiersdorf über den alten Ludwig-Donau-Main-Kanal, denn dieser hatte sich zu einem außergewöhnlich wertvollen Biotop, der so genannten „Blaukehlchentrasse", entwickelt – leider vergeblich.
Reste des Kanalbetts und des Treidelpfades sind als Fußweg von Punkt 2 nach links zu sehen.

🚲 *... durch die Regnitzwiesen bis zum Möhrendorfer Damm, weiter bis zur Regnitzbrücke, kurz davor Weg links zum Wasserschöpfrad*

❸ Wasserschöpfrad bei Möhrendorf

Das Regnitztal mit seinen eiszeitlichen Sandböden gehört zu den niederschlagsärmsten Zonen Bayerns. Vor über 500 Jahren wurde deshalb die Wiesenbewässerung mit Wasserschöpfrädern eingeführt. Zur Blütezeit im 18./19. Jh. drehten sich ca. 250 Schöpfräder zwischen Schwabach und Forchheim. Die Bewässerungstechnik mit Schöpfrädern wurde vor mehreren tausend Jahren in den antiken Hochkulturen des Zweistromlandes an Euphrat und Tigris entwickelt. Wer diese Variante der arabischen Wasserräder („Norias") ins Frankenland brachte ist unbekannt. Man vermutet, dass

Wasserschöpfrad bei Möhrendorf

Kreuzfahrer die Idee aus dem Orient mitbrachten und die Schöpfräder nachbauten. Urkundlich belegt sind die Wasserschöpfräder an der Regnitz seit 1413, in Möhrendorf seit 1486. Wegen des Eisgangs in der Regnitz müssen sie im Herbst abgebaut und im Frühjahr wieder aufgebaut werden. Jeden Sommer zwischen Mai und September drehen sich bei Möhrendorf die letzten acht der Regnitz-Wasserschöpfräder an ihrem historischen Standort. Jedes Rad ist mit 18–24 Schöpfkübeln zu je 10l ausgestattet und hat einen Durchmesser von 6m. Bei einer Leistung von 480l/U können ca. 8ha Wiesenfläche bewässert werden. Infolge der hohen Unterhaltskosten werden die für Mitteleuropa einmaligen Wasserschöpfräder heute von Vereinen betrieben und dienen nur noch touristischen Zwecken.

- *... auf die andere Straßenseite wechseln, aber am rechten Regnitzufer bleiben, dann Weg rechts nach Baiersdorf*
- *... in Baiersdorf auf der Straße bleiben, an der Kreuzung im Ortszentrum rechts die Pfarrgasse hoch zur Kirche*

4 Meerettich-Stadt Baiersdorf

1062 wird Baiersdorf erstmals urkundlich erwähnt und erhält 1353 noch vor Erlangen Stadtrecht. Der heute ca. 7000 Einwohner zählende Ort war zeitweise markgräfliche Teilresidenz und erlangte durch den Kren-(Meerettich-)anbau und dessen Verarbeitung Bekanntheit. Der sehenswerte historische Ortskern mit zahlreichen Fachwerkhäusern erinnert an die Erlanger Altstadt um den Martin-Luther-Platz. Vor der Hugenottenansiedlung im Erlanger Raum – diese war zuerst bei Baiersdorf geplant – hatte die Stadt eine größere Bedeutung als Erlangen.

Wohl schon seit Ende des 14. Jh. bestand eine jüdische Gemeinde mit Synagoge und bedeutendem Judenfriedhof, der vollständig erhalten, aber nicht frei zugänglich ist. Die Ev.-Luth. Pfarrkirche St. Nikolaus wurde um 1100 gestiftet und beim Stadtbrand 1474 zerstört, nur der Turm blieb stehen. In den folgenden Jahren baute man die Kirche wieder auf und verlegte 1720 den Friedhof nach außerhalb der Stadt.

Die St. Nikolaus-Kirche in Baiersdorf

Der Judenfriedhof in Baiersdorf

Meerettich-Museum
Judengasse 11, Baiersdorf, Tel. 09133-603040
Eintritt: 2 Euro, ermäßigt 1,50 Euro, Kinder bis 14 Jahre frei, inkl. Probeglas
Öffnungszeiten: Sa–So 10:30–17 Uhr u. nach Vereinbarung
Ursprünglich aus Vorderasien stammend, begründete Markgraf Johann Alchemista im 15. Jh. den Anbau der „magischen Wurzel" in Mittel- und Oberfranken. Die Meerettichstadt Baiersdorf gilt als Zentrum des fränkischen Krenlandes mit den beiden führenden Herstellern Schamel und Koch. „Das schärfste Museum der Welt" wurde 1996 anlässlich des 150-jährigen Firmenjubiläums von Schamel eröffnet. Als einzigartiges Museum weltweit informiert es über Geschichte, Anbau, Verarbeitung, Nutzen und Zubereitung der Delikatesse sowie über die Firmengeschichte Schamels als Erster Bayerischer Meerettichfabrik. Sehenswert!

Exkurs: Teufelskrallen

An der Südseite der Baiersdorfer Kirche sind in etwa 1,50m Höhe in den Stein der Außenmauer geritzte Längsrillen zu sehen, die so genannten „Teufelskrallen". Deutungen für die senkrecht angebrachten Vertiefungen gibt es mehr als genug. Der Teufel soll einst vor Wut über die vergebliche Seelenfängerei mit seinen Krallen an den Eingängen der Gotteshäuser gekratzt haben. Oder sind es die

Teufelskrallen

Reisezeichen wandernder Steinmetze oder die Spuren von Kinderspielen? Möglicherweise sind es Schleifstellen von Waffen: Im Mittelalter sollen Kirchgänger an den Portalen ihre Hellebarden und Schwerter abgestellt und bei dieser Gelegenheit hin und wieder am Sandstein geschärft haben. Angeblich brachte dies vor Kriegszügen Glück. Oder sind Waffen beim Eintritt zu einem befriedeten Bezirk wie der Kirchenburg von ihren Besitzern an der Mauer stumpf geschlagen worden? Nach einer heidnischen Überlieferung ist an Kirchtüren aus Anlass der Vermählung symbolisch das so genannte Eheschwert gewetzt worden. Auch heißt es, dass einst das österliche Feuer aus dem Stein geschlagen wurde. Unsere Ahnen schrieben dem Steinmehl, das man aus den länglichen und teils auch napfförmigen Vertiefungen herausrieb, Zauber- und Heilkräfte zu und mischten es angeblich dem Viehfutter bei. Vielleicht wurden beim Wetzen der Sensen und Sicheln die Wetzsteine durch Handschweiß und den feinen Metallabrieb verschmiert und deshalb zu glatt und die Bauern rauten sie an grobkörnigem und hartem Sandstein wieder auf.

Eine Gemeinsamkeit konnten Heimatforscher zumindest feststellen: Es handelt sich immer um hartes, grobkörniges Steinmaterial. Wetzrillen finden sich auch am Kirchenaufgang in Uttenreuth (Tour 6) und an der Mauer des Schlosses und des alten Forsthauses in Kalchreuth (Tour 8).

> ⌂ **Einkehrmöglichkeit: Gasthaus Weißes Lamm**
> Hauptstr. 29, Baiersdorf, Tel. 09133-3558
> **Öffnungszeiten:** 11–14 Uhr u. 17–23 Uhr, Do Ruhetag
> Terrasse in wenig befahrener Nebenstraße (als einziges der
> Gasthäuser in Baiersdorf), Fränkische Küche und Meerettich-
> spezialitäten.
> **Bier:** Halbe St. Georgen 1,90 Euro

🚲 ... *weiter Richtung Westen (Röttenbach) in den Wiesengrund,
Fahrradweg rechts neben der Straße*

❺ Schloss Scharfeneck

Drei Birken auf der rechten Seite weisen auf den ehemaligen
Standort des Renaissance-Schlosses Scharfeneck hin. 1385 erst-
malig erwähnt, wurde der Bau im Laufe der Jahrhunderte dreimal
zerstört und nach 1632 auch nicht mehr aufgebaut. Die Ruine des
ursprünglich größten Renaissancebaus Mittelfrankens wurde 1892 abgetragen, heute erinnert nur noch ein Gedenkstein an das einstmalige Wahrzeichen von Baiersdorf.

Schloss Scharfeneck auf einer alten Ansicht

🚲 ... *Regnitz-
überquerung,
danach rechts
Abstecher zum Baiersdorfer Baggersee möglich (bei schönem
Wetter oft überfüllt), weiter geradeaus, rechts neben Straßenram-
pe zum Kanalradweg, dort nach links am Kanal entlang nach
Möhrendorf*

❻ Europakanal

Der Main-Donau-Kanal durch Regnitz- und Altmühltal verbindet auf 171km Länge zwischen Bamberg und Kehlheim den Main mit der Donau. Der Bau begann ab 1966, die Eröffnung in Erlangen erfolgte 1970 mit zwei Schleusen mit je 18,3m Hubhöhe und 190×12m Kammerlänge. Mit 55m Breite und 4,25m Tiefe ist der Kanal für Schiffe bis 1500t bzw. Schubverbände von 3500t (zum Vergleich: Ludwigskanal 100t) ausgelegt. Die Planung von 1970 sah in Erlangen einen Umsatz von 400000t pro Jahr vor, in der Realität sind es aber nur ca. 100000t. Spätestens seit Stillegung des Kohlekraftwerks Franken II hat der Kanal kaum mehr Bedeutung für den regionalen Güterverkehr. Immerhin 8 Mrd. DM Kosten (1980) verursachte das „dümmste Projekt seit dem Turmbau zu Babel", ganz zu schweigen von seiner landschaftszerstörenden Wirkung.

🚲 ... Abstecher zum Mühlentheater möglich, dazu Kanal an der ersten Brücke in Möhrendorf verlassen, links halten, Wegweiser bis zur Mühle an der Regnitz folgen

> 🏠 **Einkehrmöglichkeit: Mühlentheater Kleinseebach**
> Mühlentheaterstr. 2, 91096 Möhrendorf, Tel. 09133-1349
> Wechselndes Programm, jeden Sonntag im Sommer Frühschoppen mit Aufführung, danach Schweinebraten mit Kloß, zusammen 13 Euro. Kein Biergartenbetrieb außerhalb der Aufführungen.

🚲 ... zwischen erster und zweiter Kanalbrücke in Möhrendorf links kurze Rampe, Kanal verlassen, rechts halten, dann links in die Schulstr. bis zur Hauptstr.

❼ Möhrendorf

Das 4100 Einwohner zählende, für seine Fischküchen berühmte Möhrendorf wird 1007 erstmals erwähnt. Die ehemals befestigte Pfarr- jetzt Friedhofskirche, anstelle eines romanischen Vorgängerbaus wohl im 14./15. Jh. errichtet, birgt bemerkenswerte

Fresken und war im 15.–18. Jh. Grablege der Schlossherren von Oberndorf.

🚲 *… geradeaus über die Hauptstr., Wegweiser nach Oberndorf folgen*

❽ Oberndorf

Ab 1375 lebte die Patrizierfamilie Schürstab, die mehr als 200 Jahre lang zusammen mit dem Dominikanerinnen-Kloster Frauenaurach die Herrschaft über das heutige Möhrendorf ausübte, in Oberndorf. Im Markgrafenkrieg wurden 1552 Schloss und Rittergut der Familie in Schutt und Asche gelegt. 1608 übernahm die Familie von Tucher die Überreste des Ritterguts und errichtete einen neuen Herrensitz, das heutige Anwesen Nr. 1. Das durch Brand zerstörte Schloss wurde nicht wieder aufgebaut, 1796 errichtete die Patrizierfamilie Haller von Raitenbuch auf dessen Grund einen kleinen Bauernhof und verkaufte ihn 1828 an die Familie Konrad Reck. 1855 wurde das Rittergut schließlich völlig zerschlagen und kam in bäuerlichen Besitz. 1877 eröffnete Benedikt Reck eine Bierwirtschaft und baute später einen Tanzsaal an. Von nun an wurde das Anwesen stetig erweitert, heute ist das inzwischen mehrfach umgestaltete Gasthaus im Besitz von Hans und Irmgard Reck.

> 🅶 **Einkehrziel: Gasthaus Fischküche Reck**
> Oberndorf 7, 91096 Möhrendorf, Tel. 09131-47176
> **Öffnungszeiten:** Mi–Sa 11:30–14 Uhr u. 17–21 Uhr, So 11:30–19:30 Uhr, Mo u. Di Ruhetag
> idyllische Lage am Oberndorfer Weiher (ehem. Regnitz-Altarm, Bademöglichkeit), im schattigen Biergarten mit Spielplatz sitzt man unter alten Bäumen
> für die Speisen werden saisonal aktuelle Rohstoffe aus der Region verwendet, am Ortseingang auf der linken Seite bekommt man Do u. Fr ab ca. 16 Uhr u. Sa ab 10 Uhr „Tonis Original Holzofenbrot", kinderfreundliche kleine Mahlzeiten (1/2 Schweinebraten mit Kloß 3,50 Euro)
> **Bier:** Halbe Kitzmann 2,30 Euro, Schlenkerla Rauchbier

🚲 *... weiter von Oberndorf Richtung Süden, grünen Wegweisern nach „Erlangen" folgen*

⑨ Naturerlebnispfad

Am Waldeintritt befindet sich eine Schautafel des neu angelegten „Naturerlebnispfad Erlangen im Wasserschutzgebiet West". Hier werden an 20 Stationen die Themen Wassergewinnung, Sandlebensräume und Regnitzwiesen erläutert. Zwei Rundwege (nur zu Fuß) mit je 4km starten jeweils an der Möhrendorfer Str. südlich von Möhrendorf und an der Wasserwerkstr. nördlich vom „Langen Johann".

🚲 *... auf der Möhrendorfer Str. links zurück nach Erlangen (Vorsicht: die für den Autoverkehr inzwischen stillgelegte Asphaltstraße ist ein beliebter Skater-Treff), vorbei am „Langen Johann" (1974 erbaut und mit 26 Geschossen auf 90m Frankens höchstes Wohnhaus) geht es über den Dechsendorfer Damm zurück in die Innenstadt*

Tour 4 — Durch das Vorland der Fränkischen Schweiz zum Hetzleser Berg

Einkehrziel: *Schwarzer Adler in Hetzles*
weitere Einkehrmöglichkeiten *in: Poxdorf, Effeltrich*

Route >>> *Schlossplatz Erlangen – Bubenreuth – Igelsdorf – Hagenau – Poxdorf – Effeltrich – Hetzles – Ebersbach – Marloffstein – Spardorf – Schlossplatz Erlangen*

Strecke: ca. 28km, nach Effeltrich einige Steigungen, asphaltierte Fahrradwege sowie Schotter- oder Waldwege

Anschluss an andere Touren:
- ✓ von Igelsdorf nach Baiersdorf an Tour 3
- ✓ von Marloffstein an Tour 5
- ✓ von Hetzles und Ebersbach nach Neunkirchen an Tour 6
- ✓ von Marloffstein nach Rosenbach an Tour 6

... vom Schlossplatz nach Norden Richtung „Berg", über die Schwabach, dann in die Bayreuther Str., über die Eisenbahn

❶ Burgbergtunnel

1844 wurde die Teilstrecke Nürnberg-Bamberg der Ludwigs-Süd-Nordbahn eröffnet und Erlangen an die Eisenbahn angeschlossen. Am Westabhang des Burgbergs zur Regnitz hin war es allerdings zu eng für Werker, Kanal, Landstraße und Eisenbahn. So führte man durch den Burgberg den ersten Eisenbahntunnel Bayerns, gut 300m lang und mit zwei Sphingen am Nord- und zwei Löwen am Südportal. 1936 wurde der Bahnübergang an der Südseite durch eine Brücke ersetzt, dadurch sieht man die Skulpturen leider nicht mehr.

🚲 *... weiter am Kanaldenkmal vorbei, rechts durch das „Mausloch" nach Bubenreuth*

❷ Geigenbauersiedlung

Bubenreuth entstand Anfang bis Mitte des 11. Jh., sein Name deutet auf die Rodung eines Bubo hin. 1243 erstmals urkundlich erwähnt, zählt der Ort heute rund 4700 Einwohner. 1949 wurden etwa 1600 aus dem Städtchen Schönbach bei Eger vertriebene Geigenbauer zusammen mit weiteren Instrumentenbauern aus Böhmen in Bubenreuth angesiedelt. So entstand die „Geigenbauersiedlung" mit derzeit 20 Geigenbaubetrieben: zehn Bogenbauer, sechs Zupfinstrumentenbauer und 16 Betriebe, die sich auf Zubehörteile und Handel konzentrieren. Für das „klingende Dorf" Bubenreuth und den Landkreis Erlangen-Höchstadt bedeuten die Geigenbauer einen maßgeblichen Wirtschaftsfaktor und einen hohen kulturellen Gewinn. So entwickelte sich Bubenreuth zum Zentrum der nordbayerischen Musikinstrumentenherstellung und nimmt bei den Streichbogen noch heute eine weltweit führende Rolle ein.

Geigenbaumuseum
Birkenallee 51, 91088 Bubenreuth
Öffnungszeiten: So 14–16 Uhr
Besondere Ausstellungsstücke des 1979 eröffneten Museums: die kleinste spielbare Geige der Welt und der legendäre Beatles-Bass, der speziell für Paul McCartney hergestellt wurde.

🚲 *... auf der Birkenallee durch Bubenreuth, am Ende links auf die Hauptstr. und gleich rechts in die Scherleshofer Str. nach Igelsdorf*
🚲 *... in Igelsdorf geradeaus auf die Bräuningshofer Str., dem Straßenverlauf folgen (Sendelbacher Str.), über die Kreuzung weiter dem Radwanderweg „FO 4" folgen, rechts halten Richtung Hagenau, an Hagenau vorbei nach Poxdorf*

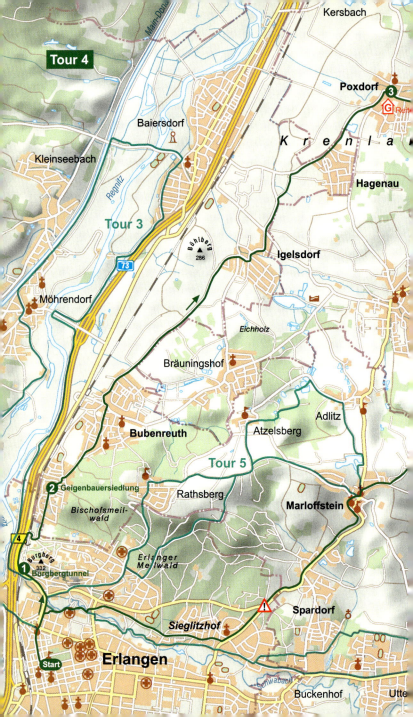

❸ Poxdorf

1315 erstmals urkundlich genannt, aber sicher schon älter, zählt Poxdorf heute ca. 1500 Einwohner. Wahrzeichen ist die originelle Doppelkirche mit einem neuromanischen Langhaus und einem neugotischen Erweiterungsbau. Über dem Chorbau erhebt sich ein zweiter Turm mit geschwungener Haube

> **Einkehrmöglichkeit: Gaststätte Reiterhof**
> Baiersdorfer Str. 7, 91099 Poxdorf, Tel. 09133-4817
> **Öffnungszeiten:** Mo–Sa 16–24 Uhr, Sonn- u. Feiertag 10–24 Uhr, Do Ruhetag
> Der Biergarten unter Linden mit kleinem Spielplatz bietet fränkische Küche.
> **Bier:** Halbe Maisel Bamberg 1,90 Euro

🚲 … weiter geht es auf dem Radwanderweg „FO 12" nach Effeltrich

❹ Effeltrich

Der älteste Name „Affaltere" des heute rund 2300 Einwohner zählenden Trachtendorfes findet sich 1121 und hat seinen Ursprung im althochdt. „affaltra" = Apfelbaum bzw. „affaltarahi" = Apfelbaumbestand. 1620 wird der Ort erstmals „Effeltrich" genannt, abgeleitet vom mittelhochdt. „affaltrech" = Ort mit vielen Apfelbäumen. Die alte und bedeutende Obstbaumzucht des Forcheimer Landes ist auf den ehemaligen karolingischen Königshof in Forchheim zurückzuführen. Die Königshöfe Karls des Großen (768– 814) dienten ihrer Umgebung als Muster- und Lehranstalten für den vorteilhaften Betrieb der Landwirtschaft. Um 1650 begann man mit der gewerbsmäßigen Anlage von Obstbaumkulturen, die Effeltricher Baumschulen sind heute noch weithin bekannt. Ebenso bekannt und sehenswert sind Brauchtum und die farbenfrohen Trachten, die nicht nur sonntags getragen werden, viele Frauen sind auch werktags in Tracht unterwegs. Besonders malerisch anzusehen sind die Frauentrachten bei der Fronleichnamsprozessi-

Kirchenburg Effeltrich

on. Auch zu anderen Gelegenheiten wird die Tradition lebendig: Am Fastnachtssonntag ziehen die „Effeltricher Fosaleggen" zum Winteraustreiben nach Baiersdorf, am Ostermontag findet zu Ehren des Kirchenpatrons der Georgi-Ritt statt.

Einer Lokalsage nach soll die tausendjährige Linde zur Gründung des Bistums Bamberg 1007 gepflanzt worden sein, von Fachleuten wurde ihr Alter 1935 auf 800 Jahre geschätzt. Ihre äußere Gestalt mit einem heutigen Stammumfang von etwa 8m und einer Höhe von etwa 4,5m hat die alte Dorf-, Rats- und Tanzlinde durch die Obstbaumzucht erhalten. Der zum Anbinden und Fixieren von Pfropfstellen bei der Veredlung von Obstbäumen benötigte Bast wurde bis 1850 von den jungen, aufstrebenden Trieben gewonnen. Dazu wurden schon in jungen Jahren die Zweige der Linde nach unten gebogen und fixiert, wodurch die ausladende Krone entstand. Seit 1905 werden die schweren Äste von einem Eichenholzgerüst getragen, 1913 wurde das Innere des Baumes mit Ziegeln ausgemauert, die 1977 wieder entfernt wurden. Durch die fachmännische Pflege des Baumchirurgen macht die Linde auch heute noch einen kräftigen und vitalen Eindruck.

Die 1000–jährige Linde in Effeltrich

In alten Nürnberger Geschäftsbüchern findet sich eine Eintragung aus dem Jahre 1304, in der die Familie des Burgherrn von Sandreuth aus Effeltrich genannt wird. Wahrscheinlich stand seine Burg auf dem etwas erhöhten Platz gegenüber der Linde, demnach ist die Burgkapelle als Vorläufer der heutigen röm.-kath. Pfarrkirche St. Georg zu sehen. 1433 wird die Kirche erstmals urkundlich erwähnt, ihre heutige Gestalt erhielt sie in der 2. Hälfte des 15. Jh. mit dem Bau der Befestigungsanlagen. Anlass dafür waren die Überfälle der Nürnberger im 1. Markgrafenkrieg 1449/50. Die Errichtung der Wehranlage machte sich bereits im 2. Markgrafenkrieg von 1552 bezahlt. Die Kirchenburg erhebt sich inmitten des Dorfes, in ihrer Gesamtanlage bildet sie nahezu ein Viereck, drei Rundtürme und ein rechteckiger Turm sind noch gut erhalten. Ein vermauertes Pförtchen an der Südwestseite des Kirchturmes zeugt von einem früheren Verbindungsgang von der Wehrmauer zur Kirche. Der ehemalige Wassergraben ist auf der Westseite noch sichtbar. Über dem Eingangstor stehen in drei Nischen gotische Holzplastiken der Heiligen Laurentius, Georg und Sebastian. Ein weiterer Erker birgt den Kirchenpatron St. Georg aus dem frühen 16. Jh., beim Georgi-Ritt wird dieses Reiterstandbild von jungen Männern in Effeltricher Tracht mitgeführt. Die im gotischen Stil errichtete Kirche mit 32m Länge und 9m Breite zeigt im Inneren verschiedene Stilrichtungen. Sehenswert sind u.a. der barocke Hochaltar von 1720/30, der linke Seitenaltar mit den drei Figuren der hl. Muttergottes, hl. Barbara und hl. Katharina (um 1500) und die schöne Stuckdecke des Langhauses.

> **Einkehrmöglichkeit: Gasthof Zur Linde**
> Neunkirchener Str. 5, 91090 Effeltrich, Tel.: 09133-2639
> **Öffnungszeiten:** warme Küche Mo–Mi 12–14 Uhr, Fr–So
> 12–14 Uhr u. 17–20:30 Uhr, Do Ruhetag
> Terrasse, gutbürgerliche fränkische Küche mit hauseigener Metzgerei, nicht alltägliche Spezialität ist der „Karpfen sauer mit Kloß"
> **Bier:** Halbe Tucher, Kitzmann 1,90 Euro

... von der Linde aus zunächst Richtung Gaiganz, in der Kurve dann rechts auf den Reichswald-Fränkische Schweiz-Radweg (RF) nach Hetzles

... in Hetzles rechts in die Hauptstr.

❺ Hetzles

1109 wird Hetzles erstmals urkundlich genannt. Schon in frühester Zeit wurde am Hetzleser Berg nach Eisenerz, Kupfer, Zink, Blei und sogar Gold und Silber geschürft, um 1447 gab es ein Bergwerk. Heute zählt das Kirschendorf mit dem Flair eines kleinen oberfränkischen Bauernortes etwa 1200 Einwohner. Gut erhaltene, typisch fränkische Fachwerkhäuser aus dem 18. Jh. säumen die Hauptstraße, viele Hausgiebel sind mit Heiligenfiguren geschmückt.
Die Kath. Pfarrkirche St. Laurentius war früher von einem stark befestigten Kirchhof umgeben. Die Anlage mit Wehrmauer und gedeckten Wehrgängen, drei runden Ecktürmen und einem Viereckturm entstand laut Jahreszahl im Turminnern um 1555. Der Grundriß der Hetzleser Kirchenburg war ein langgezoge-

Der „Schwarze Adler" gehört zu den schönsten Fachwerkhäusern in Hetzles

nes Sechseck, umgeben von einem breiten Graben. 1832 wurde der östliche Wehrturm und die angrenzenden Wehrmauern der Kirche eingerissen, um Platz zu schaffen für das neue Schulhaus. 1884–1891 erfolgte der Neubau des neugotischen Langhauses. Von der früheren Befestigung sind nur noch der alte Chorturm aus dem 15. Jh. und der Brunnen an der Kirchhofmauer erhalten. Das Kircheninnere ist neugotisch.

> **Einkehrziel: Gasthaus Schwarzer Adler „Mendelwirt"**
> Hauptstr. 12, 91077 Hetzles, Tel. 09134-5131
> **Öffnungszeiten:** 9–1 Uhr, Mo–Do 14–16 Uhr Mittagspause, Di Ruhetag
> Biergarten mit Selbstbedienung unter großer, schattiger Linde. Der historische Gasthof von 1765 bietet gutbürgerliche fränkische Küche, z.B. Schweinebraten ab 5,80 Euro.
> **Bier:** Halbe Kulmbacher 1,60 Euro, Mönchshofer, Kuchlbauer Weizen

6 Hetzleser Berg

Hetzles und Hetzleser Berg

Durch das Schwabachtal von der eigentlichen Albhochfläche im Osten abgetrennt beherrscht der Hetzles oder Leyerberg (Ley = Fels) als Zeugenberg das Erlanger Umland. Der langgestreckte Ausläufer des Fränkischen Jura ist rund 5km lang und bis zu 2km breit. Nur durch den Rödlaser Sattel getrennt schließt im Südosten der Lindelberg an, zusammen bilden sie das so genannte Hetzlesgebirge. Im Aufbau dieser Berge sind alle drei Abteilungen der Juraformation Lias, Dogger und Malm beteiligt. Die Schichtstufen werden von Opalinustonen, Doggersandsteinen, Ornatentonen und Malmkalken aufgebaut. Das Hetzlesplateau liegt 549m ü. NN und besteht vorwiegend aus weißgrauen Kalken des Malm beta. Rund 18m höher als die Ehrenbürg, gilt der vielbesuchte Berg zusammen mit Walberla und Moritzberg als höchste Erhebung unserer Gegend und bietet eine weite Rundumsicht. Während die Hänge des Hetzles dicht mit Föhren-, Fichten- und Laubwäldern bestanden sind, ist die Hochfläche waldfrei und wird auch von Segelfliegern genutzt. Reizvoll ist der Wechsel von Natur- und Kulturlandschaft. Am Hetzleser Berg stehen zahlreiche Kirschgärten und entspringen Quellen, darunter die Schwabach bei Pommer. Auf dem westlichen Teil des Berges finden sich Reste einer alten Fliehburg. Sechs erkennbare Wälle mit einer Breite von 4–5m und einer Höhe von 40–70cm verlaufen in verschiedenen Abständen vom nördlichen Randweg zum südlichen Teil. Die Wallanlage hat eine Gesamtausdehnung

> **EXKURS: GEOLOGIE DES ALBVORLANDES**
>
> Die Erlanger Umgebung gehört geologisch zum Süddeutschen Schichtstufenland. Drei dieser Schichtstufen spürt der Radfahrer zwischen Erlangen und dem Hetzleser Berg in den Beinen: Rathsberg, Marloffsteiner Höhe und Kalchreuther Rücken sind Teil des Schwarzen Jura oder Lias, der vor 208 bis 178 Millionen Jahren in einem riesigen Flussdelta bzw. flachen Meeresbuchten abgelagert wurde. Das Ergebnis sind kalkreiche Sandsteine und mächtige Tonlagen, letztere bilden reiche Quellhorizonte, die zum Beispiel an der Dürerquelle nördlich von Kalchreuth oder an den Atzelsberger Quellen zu beobachten sind.
>
> Kommt man von Hetzles hinauf zum Streitbaum, hat man zwei Steilanstiege vor sich, die auch im markanten Profil des Hetzleser Berges zutage treten. Der flachere untere Anstieg markiert den Braunen Jura oder Dogger. Eisenhaltige und deshalb rötliche Sandsteine wechseln mit Tonlagen, die vor 178 bis 157 Millionen Jahre im tiefer werdenden Meer abgelagert wurden. Auch am Hetzleser Berg wurde früher zum Teil versucht, das Eisen abzubauen, die Konzentrationen sind jedoch zu gering. Auf der Doggerterrasse herrscht Ackerbau vor, während die Tonlagen von Obstbäumen eingenommen werden.
>
> Das letzte und steilste Stück vor Erreichen der Hochfläche ist aus Weißem Jura oder Malm aufgebaut. Die weißen Kalkst-

von ca. 1100m und wird auf das frühe Mittelalter datiert. Darüber, ob auf dem Hetzles einst die sagenhafte Burg Breitenstein gestanden habe, gehen die Meinungen auseinander.

🚲 ... auf der Hauptstr. Richtung Neunkirchen, rechts an der Schule vorbei nach Ebersbach

❼ Ebersbach

Der heute gut 200 Einwohner zählende Ort liegt am alten Herrnweg, der das ehemalige Schloss Breitenstein auf dem Hetzles mit einlagen wurden vor 157 bis 146 Millionen Jahren im ruhigen Flachmeer des Kontinentalschelfs abgelagert. Versteinerungen sind häufig, aber nicht allzu leicht zu finden. Im Gegensatz zum Malm der zentralen Fränkischen Schweiz, den mächtige Riffe beherrschen, ist der Hetzleser Berg aus dem so genannten „Werkkalk" der „Flächenalb" aufgebaut. Mit seiner Hochfläche haben wir gleichzeitig den Trauf der Fränkischen Alb erklommen. Der Blick zurück nach Erlangen zeigt die verschiedenen Ebenen des Jura noch einmal – je tiefer wir blicken, desto älter ist das Gestein.

Westlich und südlich von Erlangen ist das Gebiet flacher und das Gestein älter. Diese nach dem Erdzeitalter benannte Keuperlandschaft besteht aus einzelnen Sandsteinlagen und teilweise großflächig verwehten Sanddünen, die man etwa im Reichswald findet. Einzelne wasserstauende Tonschichten begünstigen die Anlage der Weiherketten im Westen von Erlangen, während die armen sandigen Böden noch heute von Wald bestanden sind. Prägend für Mittelfranken wurde der Burgsandstein, nicht nur für die Felsen unter der Nürnberger Burg, sondern auch wegen der Steinbrüche im Reichswald (z.B. Ohrwaschel, Tour 8) oder den darin verlaufenden Bierkellern (Erlanger Berg).

dem Schloss Marloffstein verband. 1015 wurde Ebersbach vermutlich erstmals erwähnt. Der Name wird mit dem Vorkommen männlicher Wildschweine, als auch einer Person namens Eber verbunden.

🚲 *... weiter Richtung Marloffstein, vorbei an Wellucken (links) und dem Modell-Flugplatz (rechts), in Marloffstein den grünen Wegweisern nach Spardorf und Erlangen folgen*

Tour 5 — Vier-Schlösser-Tour um Adlitz

🏠 **Einkehrziel:** *Zur Ludwigshöhe in Adlitz*
🏠 *weitere* **Einkehrmöglichkeiten** *in: Atzelsberg, Marloffstein*

Route >>> *Schlossplatz Erlangen – Waldkrankenhaus – Rathsberg – Atzelsberg – Liastonquellen/Märchenweiher – Adlitz – Tongrube Marloffstein – Rathsberg – Schlossplatz Erlangen*

Strecke: ca. 15km, einige zum Teil starke Steigungen, asphaltierte Schotter- oder Waldwege
Anschluss an andere Touren:
✓ von Atzelsberg über Bräuningshof an Tour 4
✓ von Marloffstein nach Rosenbach an Tour 6

🚲 *... vom Schlossplatz nach Norden Richtung „Berg", über die Schwabach, dann rechts in die Essenbacher Str., am „Bärengarten" links in die Rathsberger Str.*
🚲 *... vorbei am Waldkrankenhaus, am Parkplatz rechts auf den Waldweg hoch nach Rathsberg, oben angekommen über die Straße geradeaus in den Schlossweg zum Schloss Rathsberg*

❶ Rathsberg

Rathsberg wird erstmals 1411 urkundlich erwähnt. Ort und Schloss liegen an der Nordwestkante eines der zahlreichen Ausläufer des Vorlands der Frankenalb, der hier zungenförmig am weitesten in das Regnitztal vorstößt und ohne Baumbestand eine Aussicht in alle Himmelsrichtungen ermöglichen würde. Beim Anstieg auf knapp 390m lässt sich die geologische Schichtung des

Rathsbergs anhand der Vegetation gut ablesen. Kiefern und Heidekraut auf Sandböden des Burgsandsteins folgen Erlen, Buchen und Eichen auf lehmigem Feuerletten. Oben schließen Kiefern auf Rhätsandstein und Äcker auf schwarzem Jura (Lias; Punkt 6) an. Die Dogger- und Malmschichten, wie sie am Hetzles (Tour 4) zu finden sind, wurden bereits während der Kreide- und Tertiärzeit abgetragen. Durch leichte Neigung der Schichten nach Norden entstand an der Nordseite der Hochfläche ein Quellhorizont.
Als Luftkurort war Rathsberg bei der Erlanger Bevölkerung seit Beginn des 19. Jh. recht beliebt. Es besaß zwei Gasthäuser mit Exkneipen Erlanger Studentenverbindungen, ein Kurhaus und

Exkurs: Historische Grenzen im Erlanger Umland

Bevor Napoleon vor 200 Jahren Deutschland politisch neu ordnete, bestand das Deutsche Reich aus Hunderten selbstständiger Kleinstaaten. Auch in der Erlanger Gegend gehörten die Menschen unterschiedlichen Ländern an; seit dem Augsburger Religionsfrieden auch gleichbedeutend mit unterschiedlichen Konfessionen.

Erlangen selbst war Nebenresidenz des Markgrafentums Brandenburg-Bayreuth. Dessen Herrscher waren Hohenzollern und Verwandte der mächtigen preußischen Kurfürsten und späteren Könige und Kaiser. Zum bayreuthischen Gebiet um Erlangen, das nicht mit dem Hauptterritorium in Oberfranken zusammenhing, gehörte neben Erlangen noch Möhrendorf, Baiersdorf, Schallershof und Frauenaurach sowie Kriegenbrunn und Hüttendorf. Seine Einwohner waren lutherischen Glaubens.

Westlich und nördlich an dieses Gebiet grenzte das Fürstbistum Bamberg als katholisches Land. Hauptorte in unserer Gegend waren Büchenbach, Neunkirchen und Herzogenaurach, dazu gehörten jedoch auch Dechsendorf, Röttenbach, Hannberg, Kosbach, Alterlangen, Niederndorf , Burgstall westlich der Regnitz sowie Bubenreuth, Poxdorf, Langensendelbach, Effeltrich, Hetzles und Dormitz östlich des Flusses.

Ein selbstständiges Rittergut inmitten des Bamberger Gebietes bildete Schloss und Dorf Neuhaus (Tour 2). Schon immer von Bamberg bedrängt, gelang es den Herren von Crailsheim jedoch standhaft, ihre evangelische Religion und relative Selbstständigkeit zu verteidigen. Erst 1810 wurde der Kleinstaat dem Königreich Bayern einverleibt.

seit 1885 sogar einen Aussichtsturm. 83 Stufen führten auf die Plattform des 17m hohen Backsteinturms, von dem man einen schönen Rundblick hatte. Im 2. Weltkrieg geriet der Turm unter Beschuss und wurde stark zerstört. 1949 wiedereröffnet, wurde das einstige Wahrzeichen Rathsbergs 1972 abgerissen.

Südwestlich von Erlangen begann das ebenfalls hohenzollerische Markgrafentum Ansbach, zu dem Orte wie Vach, Obermichelbach und Veitsbronn gehörten. Seine Einwohner waren evangelisch, ebenso wie jene des Territoriums der Reichsstadt Nürnberg. Dieses reichte im Westen bis an die Regnitz, im Norden an die Schwabach und umfasste den gesamten Reichswald, Kalchreuth, das Knobauchsland mit Tennenlohe und Eltersdorf und Großgründlach.

Einige Orte waren aber auch mehreren Herren untertan, so rivalisierten in der bedeutenden Marktgemeinde Bruck, lange der zweitgrößte Ort in der Gegend, die freie Reichsstadt Nürnberg und die Bayreuther Marktgrafen.

Mit Hilfe der Nürnberger Patrizierfamilien wurde eine regelrechte Erwerbspolitik betrieben, die u.a. zu den beiden verheerenden Markgrafenkriege um 1450 und 1550 führte. Auch sonst waren die Grenzen nicht so fest, wie wir es heute kennen.

Im Kampf mit dem Bistum Bamberg um die Rückgewinnung des dem Hochstift unter Kaiser Heinrich II. geschenkten Reichslandes haben wahrscheinlich die befestigten Vorgängerbauten der heutigen Schlösser in Rathsberg, Atzelsberg, Adlitz und Marloffstein eine Rolle gespielt. Im Spannungsfeld zwischen Bamberg, Nürnberg und Bayreuth gelang es hier Patrizierfamilien aus Nürnberg, teilweise unabhängige Herrschaften zu errichten. Diese wechselten zum Teil oft den Besitzer und mit der Renaissance, als neue Waffen herkömmliche Burgen nutzlos machten, verfielen sie zwischenzeitlich wie in Marloffstein oder wurden in kleine Schlösser umgebaut, deren Unterhalt noch heute ein Problem ist, wie in Atzelsberg.

Schloss Rathsberg wurde um 1460 als Gutshaus im gotischen Stil erbaut, 1621/22 errichtete Ernst Hüls nach dem Abbruch den jetzt noch erhaltenen, für das Nürnberger Umland einzigartigen Spätrenaissancebau. 1702 wurde die Hofanlage wesentlich erweitert und befestigt sowie eine Ziergartenanlage geschaffen, womit

Schloss Rathsberg

eine barocke Miniaturresidenz nach französischem Geschmack entstand. Im Jahre 1867 kam es zur Teilung von Rathsberg und Atzelsberg in zwei unabhängige Wirtschaftsbezirke. Schloss Rathsberg mit der Reitsportanlage befindet sich im Eigentum der Familie Beckh und ist leider nicht zugänglich.

Ein Abstecher führt zum Rubnerstein in der nordwestlichen Ecke der Rathsberger Hochfläche, am Waldrand kurz vor dem steilen Abhang hinunter nach Bubenreuth. Der Stein erinnert an ein Duell im Morgengrauen zu Pfingsten 1841. Hier standen sich um sechs Uhr früh Carl Friedrich Wilhelm Rubner vom Corps Baruthia und Karl Köberlin von der Burschenschaft Bubenruthia mit gezückten Waffen gegenüber. Die beiden Studenten waren sich auf der Erlanger Bergkirchweih in die Haare geraten. Schon kurz nach Beginn des Zweikampfs wurde Rubner durch einen Stoß in die Brust mit dem gefährlichen Rapier (Stoßdegen, auch als „Lungenfuchser" bekannt) tödlich verletzt. Die Leiche wurde im Gebüsch liegen gelassen, um den Tod des Studenten möglichst lange geheim zu halten und seinem Gegner so die Flucht zu ermöglichen. Später wurde Rubner unter Begleitung aller Studenten ohne Sang, Klang und Einsegnung auf dem Neustädter Friedhof beerdigt, gerichtliche Untersuchungen verliefen im Sand. Über das weitere Schicksal Karl Köberlins weiß man nicht viel. Viele Jahre nach dem tragischen Tod Rubners errichtete die Studentenverbindung am Ort des Duells den Gedenkstein, der 1928 erneuert wurde.

Schloss Atzelsberg

🚴 … „Am Ziegelacker" entlang bis zur Straße nach Atzelsberg, dann links, nach etwa 100m rechts auf den Teerweg

🚴 … die Rathsberger Höhe entlang sieht man schon Schloss Atzelsberg unter sich, Forchheim und Walberla in der Ferne liegen, dem Teerweg folgen hinunter nach Atzelsberg

❷ Atzelsberg

Atzelsberg wird 1332 erstmals urkundlich erwähnt. Das 1705 erbaute Barockschlösschen wurde 1960 an die Stadt Erlangen verkauft, die es noch als Veranstaltungsort nutzt.

> 🏠 **Einkehrmöglichkeit: Restaurant und Biergarten „atzelsberger"**
> Atzelsberg 4, 91080 Marloffstein, Tel. 09131-27361
> **Öffnungszeiten:** täglich 10–22 Uhr, Mo Ruhetag, durchgehend warme Küche ab 11:30–ca. 21 Uhr
> Der große Biergarten mit Selbstbedienung und Kinderspielplatz liegt idyllisch unter alten Nussbäumen.
> Traditionell fränkische Küche mit Fleisch aus der Region, von Oktober bis März indianische Küche Fr u. Sa ab 18 Uhr.
> **Bier:** Halbe Kitzmann 2,20 Euro

🚴 *... vor dem Schloss rechts auf den geschotterten Rundwanderweg (Blaukreuz-Markierung), über die Straße hinein in den Wald*

❸ Atzelsberger Quellen

Im nah gelegenen Mischwald finden sich zwei romantisch gelegene Quellen, die das Weihergebiet zwischen Atzelsberg und Adlitz speisen. Zwischen den Teichen existieren noch Fragmente der ursprünglichen Sumpfwälder mit reicher Frühlingsgeophytenflora. Die nordexponierte Hangmulde auf Feuerletten ist für Naherholung und Naturschutz gleichermaßen von Bedeutung.
Betritt man von Atzelsberg aus den Wald, fällt zunächst rechter Hand der Rhätabbruch auf mit losgelösten Felsbrocken,

Atzelsberger Quelle

auf denen sich Bäume festgekrallt haben. Ein Quellgerinne vom Fuß der Rhätwand versorgt den „Märchenweiher" mit kühlem, aber belastetem Wasser, da es ausgewaschene Rückstände von den landwirtschaftlich genutzten Liashochflächen mit sich führt. Die Liastonquelle entspringt zwischen den Felsen und hat eine kleine Einfassung. Dem Weg folgend, kommt man an einer weiteren eingefassten Quelle vorbei.

Schwanenweiher bei Atzelsberg

🚲 *... am Märchenweiher vorbei rechts halten, an der Wegkreuzung (Schutzhütte) links zum Schwanenweiher*

4 Schwanenweiher

Die tiefer gelegenen Weiher mit dem größten, dem „Schwanenweiher" sind an Wochenenden stark überlaufen. Dennoch bieten sie dem aufmerksamen Naturfreund die Möglichkeit Kleinfische, Reptilien, Eisvogel, Fledermäuse, Glühwürmchen und Frühjahrsblüher zu beobachten.
Der Naherholungsdruck bringt allerdings auch Probleme für den Naturreichtum mit sich. Das beliebte Entenfüttern bewirkt die Konzentration zu vieler Wasservögel auf kleinstem Raum mit der

Adlitz mit dem turmartigen Schloss zwischen Obstbäumen

Folge von Wasserverschmutzung und Vegetationszertörung. Auch der Amphibiennachwuchs wird durch den überhöhten Entenbestand gefährlich dezimiert. Während der Laichwanderung im Frühjahr wird die kleine Verbindungsstraße zwischen Atzelsberg und Adlitz gesperrt.

🚴 *... auf der Straße rechts hinauf nach Adlitz*

5 Adlitz

Der 200-Seelen-Ort Adlitz wird 1348 erstmals erwähnt, das 1504 genannte Schloss befindet sich seit Ende des 18. Jh. in bürgerlichen Händen und war nach mehrfachem Besitzerwechsel schließlich akut vom Einsturz bedroht und wurde 1976–82 aufwändig saniert.

> 🏠 **Einkehrziel: Gasthaus Zur Ludwigshöhe**
> Adlitz 12, 91080 Marloffstein, Tel. 09131-52929
> **Öffnungszeiten:** täglich 11–23 Uhr, Do Ruhetag
> 1739 erstmals urkundlich erwähnt und schon damals beliebtes Ausflugsziel der Erlanger, bietet der Biergarten mit Selbstbedienung auf zwei Ebenen unter schattigen Walnußbäumen einen schönen Blick auf das Regnitztal und Forchheim. Fränkische Küche mit Wildgerichten aus heimischen Revieren, Karpfen, Forellen, selbstgebackene Kuchen, selbstgebrannter Schnaps und Beerenweine.
> **Bier:** Halbe Tucher 2 Euro

🚲 *... vom Biergarten ein Stück zurück Richtung Atzelsberg, dann die erste Straße links (Sackgassenschild), auf dem Feldweg Anstieg nach Marloffstein, vorbei an der Feldkapelle zur Heiligen Familie – errichtet von Josef Regenfuß mit Familie und 1999 eingeweiht*

🚲 *... auf der Höhe angekommen links und vor der Straße rechts hinauf zum Wasserturm ("Pass Marloffstein" 390m ü. NN, herrlicher Blick in die Fränkische Schweiz), dann rechts hinunter zur*

6 Tongrube Marloffstein

Marloffstein liegt im Schwarzen Jura (Lias), der den ganzen Höhenzug bedeckt. Der lehmige Boden gibt gutes Acker- und Weideland, Grund für die weitgehende Rodung der Hochfläche. Die Tongrube ist bekannt für ihre Versteinerungen wie z.B. Ammoniten und Belemniten. Bis vor zehn Jahren wurde in der Grube auf der Marloffsteiner Höhe Ton für die Spardorfer Ziegelei abgebaut. Seit Einstellung der Grubenarbeiten hat sich dort ein sehr schönes Biotop mit teils breitem Schilfgürtel entwickelt. Die aufgelassene, kraterförmige Lehmgrube ist ein beliebter Badeort, der bei schönem Wetter schnell überfüllt ist: blaugrünes Wasser, kühler Ton sorgt für weiche Haut. Das (Nackt-)Baden ist offziell nicht gestattet, wird aber toleriert. Ein Problem stellen gleichzeitiger Schutz und Freizeitnutzung des Biotops dar.

🚲 *... auf der Straße weiter hinunter in den Ort Marloffstein*

⑦ Marloffstein

1288 erstmals urkundlich erwähnt, zählt Marloffstein seit der Eingemeindung von Rathsberg, Atzelsberg und Adlitz im Jahr 1978 rund 1600 Einwohner, unter ihnen die bekannte Schauspielerin Elke Sommer. Die einstige Veste „Mawrolfstein" entstand etwa Mitte des 11. Jh. Nach Niederbrennung 1552 im zweiten Markgrafenkrieg erfolgte 1570 ein Wiederaufbau zum Amts- und Jagdschloss. 1691–95 wurde es im Barockstil umgebaut, nach der Säkularisation, dem Übergang von geistlichem in weltliches Gut, blieb das Schloss ungenutzt und verfiel langsam. 1806 ersteigerte Prof. Lips aus Erlangen das Schloss und eröffnete eine landwirtschaftliche Akademie, die aber bald wieder einging. Bis 1833 ließ er große Teile der Anlage abbrechen. Als Ersatz für die bereits 1341 erwähnte, zweigeschossige Burgkapelle errichtete er 1813 aus den Abbruchsteinen die katholische Dorfkirche St. Jakobus, wobei die Rokoko-Ausstattung übernommen wurde. Im Jahre 1880 gelangte das Schloss an den Marloffsteiner Landwirt und Schreiner Aichinger. Neben seiner Werkstatt richtete er eine Gastwirtschaft ein, die zum beliebten Ausflugsziel der Erlanger wurde. Aichinger setzte das Schloss wieder in guten Zustand, nach einem Großbrand 1932 baute es die Familie wieder auf und hält es noch heute in Besitz.

Blick in die Tongrube Marloffstein

Blick auf Marloffstein mit Schloss

> 🏠 **Einkehrmöglichkeit: Gasthaus Schloss Marloffstein**
> Hauptstr. 4, 91080 Marloffstein, Tel. 09131-507250
> **Öffnungszeiten:** Di–Sa 11:30–14:30 u. 18–23:30 Uhr, So
> 11:30–23:30 Uhr, Mo Ruhetag
> Regionale, fränkische Küche, saisonal wechselnde Spezialitäten
> Von der großen Terrasse bietet sich ein malerischer Ausblick
> auf das Erlanger Oberland.
> **Bier:** Halbe Maisel Bamberg 2,30 Euro
>
> 🏠 **Einkehrmöglichkeit: Gasthof Alter Brunnen**
> Am Alten Brunnen 1, 91080 Marloffstein, Tel. 09131-50015
> **Öffnungszeiten:** Mo ab 14 Uhr, Di Ruhetag, Mi–So ganztägig
> Auch hier hat man von der Terrasse einen schönen Ausblick
> auf Erlangen.
> **Bier:** Halbe Tucher 2 Euro

🚲 *… an der Kapelle im Dorfzentrum Richtung Atzelsberg, auf der Marloffsteiner Höhe am Parkplatz links auf den Feldweg*

🚲 *… durch den Wald, links, auf der Rathsberger Höhe links hinunter durch den Meilwald nach Erlangen*

Tour 6 — Im Schwabachtal nach Neunkirchen am Brand

🍺 **Einkehrziel:** *Rosenbacher Biergarten*
🏠 *weitere* **Einkehrmöglichkeiten** *in: Neunkirchen*

Route >>> *Schlossplatz Erlangen – Schwabachtal – Sieglitzhof – Spardorf – Uttenreuth – Rosenbach – Neunkirchen – Dormitz – Weiher – Uttenreuth – Buckenhof – Schlossplatz Erlangen*

Strecke: ca. 25km, mäßige Steigungen, Straßen und befestigte Wege
Anschluss an andere Touren:
✓ von Rosenbach nach Marloffstein an Tour 5
✓ von Neunkirchen nach Hetzles an Tour 4
✓ von Dormitz an Tour 7

🚲 *... vom Schlossplatz die Hauptstr. entlang nach Norden Richtung „Berg"*

❶ Essenbacher Brücke und Fischerhaus

Die schon 1002 urkundlich erwähnte Schwabach entspringt am Nordostrand des Hetzles bei Pommer und mündet bei Erlangen in die Regnitz. Ihr Name „Suabaha" leitet sich vom lat. „Suebi" für Schwaben und „aha" = fließendes Wasser ab, daher auch „die" und nicht „der" Schwabach. Das relativ starke Gefälle von 163m des 26km langen Flüsschens ermöglichte einst den Betrieb von 29 Mühlen im Schwabachtal. Im Erlanger Stadtgebiet gab es damals drei Mühlen an der Schwabach, eine Mahl- und Walkmühle, die Essenbacher Mühle und die noch bestehende Schleifmühle. Schon im Mittelalter bestand ein Flussübergang an der Essenbacher Brücke; die Essenbacher Mühle unterhalb eines großen Wehrs, das die beiden Arme der Schwabach reguliert, wird erstmals 1348 erwähnt. Auf ihrem Gelände (Essenbacher Str. 2) befindet sich heute die Firma KUM, von Adam Klebes und Fritz Mußgüller 1919 gegründet, gehört sie heute neben Möbius & Ruppert zu den weltweit führenden Herstellern von Bleistiftspitzern. Allerdings setzte die beengte Lage zwischen Burgberg, Schwabach und Regnitz einer weiteren Entwicklung der ehemaligen Vorstadt Essenbach Grenzen. Beim Bau der heutigen Essenbacher Brücke östlich der alten Brücke in den 1950er Jahren wurden die Bayreuther Str. und das Flussbett der Schwabach begradigt, durch die Straßenerhöhung liegen angrenzende Häuser heute tiefer, so auch das 1707 erbaute Stadtfischerhaus.

Der Wasserspielplatz an der Bleiche

Der Fischbestand der Schwabach wurde schon im Mittelalter genutzt. Das Anwesen Bayreuther Str. 22 kennzeichnet ein Fisch-Relief im Türsturz. In der nahegelegenen Schwabach standen hölzerne Kästen, in denen man die Fische zum Verkauf bereit hielt. 1765 ging das Anwesen an die Familie Rudel über, nach der auch die ehemaligen Rudelsweiher nördlich von Erlangen benannt sind.

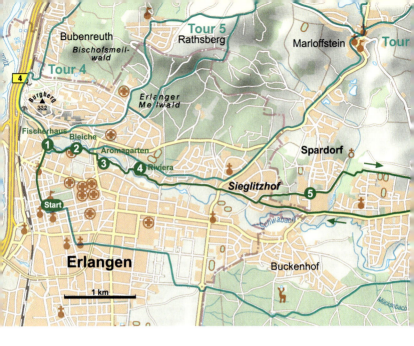

🚲 ... *vor der Essenbacher Brücke rechts, dem Radweg entlang der Schwabachanlage Richtung Kopfklinik hinunter zur Bleiche folgen*

❷ Wasserspielplatz an der Bleiche

Ende des 18. Jh. gab es an der Schwabach zwei Plätze zum Bleichen der Wäsche. Die Untere Bleiche war eine langgestreckte Wiese am Südufer der Schwabach, die sich von der Wöhrstr. bis zum Schwabachviereck erstreckte. 1822/29 erbaute hier der Bleicher Matthäus Uhl das Anwesen Schwabachanlage 1. Während die Obere Bleiche nördlich der Schwabach heute fast vollständig überbaut ist, richtete die Stadt 1976 auf der Unteren Bleiche eine Freizeitanlage für ihre Bürger ein, 2001 wurde ein „Wasserspielplatz" eingeweiht. Im Sommer wird das Gelände als Open-Air-Kino genutzt.

Flussaufwärts wurden in den letzten Jahren weitere Renaturierungsmaßnahmen durchgeführt, um ausreichende Überschwemmungsflächen zu sichern und gleichzeitig den Artenreichtum zu

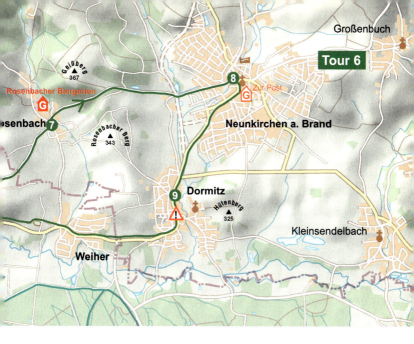

fördern. So wurden z.B. Geh- und Radwege hochwasserfrei verlegt und die Ufer der Schwabach naturnah gestaltet.

🚴 *... weiter auf dem Radweg Richtung Osten, unter der Ludwigsbrücke hindurch*

❸ Aromagarten an der Palmsanlage

Die Anlage wurde 1981 als weltweit erster Garten dieser Art eröffnet und beherbergt über 100 Aromapflanzen auf natürlichen Standorten. Von Professor Dr. Karl Knobloch konzipiert und aufgebaut, dient der Aromagarten als Schaugarten und wissenschaftliches Experimentierfeld. Neben der Kulturgeschichte ätherischer Öle, Arznei- und Gewürzpflanzen wird auch deren biologisch-chemische Wirkung z.B. als Kosmetikum aufgezeigt.
Eingang an der Palmsanlage.
Öffnungszeiten: Apr.–Okt. 7–19 Uhr

An der Riviera

🚲 *... weiter dem Martiusweg entlang der Schwabach folgen, links über den Bürgermeistersteg und rechts zur Riviera*

❹ Riviera

Bereits seit Anfang des 19. Jh. wird das stadtnahe Erholungsgebiet im Erlanger Volksmund „Riviera" genannt. Die sonnige Waldrandlage und die Nähe zum Schwabachufer legte einen Vergleich mit der italienischen Küste nahe. Die mageren und sandigen Böden sowie die Aufgabe der Nutzung führten im Laufe der Zeit zur Ansiedlung seltener Tier- und Pflanzenarten wie z.B. Sandgrasnelke, Silbergras, Zauneidechse und Blaufügelige Ödlandschrecke. Die ehemalige Ackerfläche südlich der Ebrardstraße wird seit 1997 zum Sandmagerrasen hin entwickelt, seit 2000 ist das Gebiet „Geschützter Landschaftsbestandteil" und seit 2001 auch Teil des überregionalen Projekts „SandAchse Franken". Ziel ist die nachhaltige Sicherung und Verbesserung des Areals. Spaziergänger sollen dadurch nicht eingeschränkt werden, verboten sind aber Verunreinigungen, Abfallablagerungen und Hundekot. Landwirtschaft, Freizeitdruck und die zwischenzeitige Nutzung als Hubschrauberlandeplatz während des Klinikneu-/umbaus gefährden den wertvollen Sandlebensraum.

> 🚲 ... *weiter den Lautnerweg bis zur Schleifmühle dort links und gleich wieder rechts in das Schronfeld, geradeaus über die Sieglitzhofer Str.*
>
> 🚲 ... *weiter geradeaus in die Lange Zeile, dann links in den „Lampertsbühl" abbiegen (Sackgassenschild), Knick bis zum Ende folgen, in den Wald hinein (Vorsicht Wurzeln!) nach Spardorf*

5 Spardorf

1305 erstmals erwähnt, zählt Spardorf heute ca. 2100 Einwohner. Inzwischen mit dem Erlanger Stadtteil Sieglitzhof baulich zusammengewachsen, bildet der Ort seit 1978 eine Verwaltungsgemeinschaft mit Uttenreuth. Auch Spardorf erhielt eine eigene Haltestelle an der Seku (siehe Exkurs), von der vor allem die 1804 gegründete Ziegelei der Gebrüder Schultheiß profitierte. In den 1930er Jahren fanden Ziegelbarbeiter beim Lössabbau versteinerte Überreste eines Mammuts, von Wiesent, Pferd und Riesenhirsch sowie eine hervorragend gearbeitete Hornsteinklinge. Bereits Ende des 19. Jh. wurde ein Bronzelappenbeil im Spardorfer Tälchen entdeckt. 1955 sprengte das Technische Hilfswerk Erlangen zwei ca. 35m hohe Kamine in der alten Ziegelei Spardorf, die heute als Zweigwerk der „Wienerberger Ziegelindustrie Hannover" Poroton-Ziegel und Systemschornsteine herstellt.

> 🚲 ... *an der Schule vorbei Richtung Ziegelei, dann schräg links Richtung Friedhof, den letzten Weg rechts durchs Tennenbachtal nach Uttenreuth*
>
> 🚲 ... *in Uttenreuth geradeaus bis zur Marloffsteiner Str., dort rechts, am Brunnen links zur Kirche*

6 Uttenreuth

Die ältesten bekannten Urkunden über Uttenreuth stammen von Anfang 1400, der Ort dürfte aber bereits im 11. oder 12. Jh. beim Ausbau des Reichslandes um Nürnberg entstanden sein, als das Waldgebiet gerodet wurde. Der Name deutet darauf hin: Rodung eines Uto. Die geographische Lage war sehr günstig, die Ansiedlung lag am Schnittpunkt zweier bedeutender Handelsstraßen. Ein Handelsweg verlief von Nürnberg nach Forchheim und weiter nach Bamberg. Der zweite Handelsweg war die heute noch so genannte Eisenstraße. Sie führte von den Umschlagplätzen an Main und Rhein in das Eisenrevier der Oberpfalz.

Die Jahre 1525–31 waren in Uttenreuth von rebellischen Bauern, „Wiedertäufern" und der „Träumersekte" geprägt. Anstoß gab der Reformator Martin Luther, der die religiösen und sozialen Verhältnisse umkrempelte und ungewollt die politische Revolte auslöste. Nach Niederschlagung des Bauernaufstandes fühlten sich die Bauern von Luther getäuscht, der, als die Bauern das Joch der Frondienste gewaltsam abschütteln wollten, die Seiten wechselte. Doch unter der Oberfläche gärte es weiter und mit Täuferapostel Hans Hut nisteten sich die Wiedertäufer in Uttenreuth ein und breiteten sich auch in den Nachbargemeinden aus. In Wolfsfelden sollen sogar die Täufer aus ganz Franken zusammengekommen sein und Uttenreuth hatte auch außerhalb Frankens den Ruf als Zentrum der Wiedertäufer. Diese hielten nichts von der Kindstaufe und wollten den Pfarrer aushungern, da er sich nicht von ihnen missionieren ließ. Die Mitglieder der Träumersekte hingegen praktizierten Gütergemeinschaft bis hin zum Ehebruch und galten als verrückt. Nach sechs Jahren kehrte Ruhe ein, die Bauern hatten aufgegeben, der Kreis der Wiedertäufer und Träumer war zerschlagen, Köpfe waren gerollt und die Obrigkeit hatte gesiegt.

1766 wurde an Stelle der baufälligen Kunigundenkapelle von 1348 unter Pfarrer Johann Friedrich Esper die heutige Matthäuskirche im Markgrafenstil errichtet. An den Begründer der Höhlenforschung in der Fränkischen Schweiz erinnert auch die Esperhöhle bei Leutzdorf/Gößweinstein. Sehenswert sind der Zwiebelhauben-

EXKURS: DIE SEKU – ERLANGER EISENBAHNGESCHICHTE

1886 wurde die ca. 28km lange Strecke der im Volksmund „Se(e)ku(h)" genannten Sekundärbahn Erlangen–Gräfenberg eröffnet. Sie führte vom Bahnhof Erlangen in einem Bogen entlang der heutigen Werner-von-Siemens-Str. zum Zollhausviertel und weiter über Buckenhof, Uttenreuth, Dormitz, Neunkirchen, Kleinsendelbach und Eschenau nach Gräfenberg. Die Bahn war berüchtigt für ihr langsames Tempo, angeblich damit die Bauern der umliegenden Dörfer jederzeit aufspringen konnten, und der damit verbundenen sehr langen Fahrzeit von über einer Stunde zwischen Erlangen und Gräfenberg. Auf weiten Teilen der Strecke fuhr die Bahn direkt auf der Straße und hatte keine eigene Trasse, etwa in der Drausnickstr. in Erlangen oder bei der Ortsdurchfahrt von Dormitz. Dort waren die Verhältnisse so beengt, dass die Reisenden direkt in die Häuser blicken und den Hausfrauen beim Kochen über die Schulter schauen konnten.

Mangelnde Rentabilität und Unfallträchtigkeit wurden der Seku zum Verhängnis, 1963 wurde die Bahn zwischen Erlangen und Eschenau stillgelegt. Die restliche Strecke ist als Teilstück der 1908 eröffneten Bahnlinie Nürnberg–Gräfenberg noch heute in Betrieb.

Angesichts der wachsenden Verkehrsprobleme im Schwabachgrund wäre eine Lokalbahn eine gute Alternative, wenn auch die damalige Streckenführung heute nicht mehr machbar wäre. Die Realisierung einer so genannten Stadt-Umland-Bahn als Straßen- und Vorortbahn nach Karlsruher Vorbild im Schwabachgrund ist aus finanziellen und politischen Gründen vorerst nicht in Sicht (siehe Tour 7 Exkurs).

turm, der barocke Kanzelaltar von 1689, die umlaufende Empore und der Taufstein um 1800 mit Johannes dem Täufer von 1824. Links am Kirchenaufgang weist eine Tafel auf die so genannten „Teufelskrallen" hin (siehe Tour 3 Exkurs).

An der Straße nach Rosenbach liegt der „Weinberg" mit seinen tiefen Kellern. Bereits die Römer bauten in den Kolonien Germaniens Wein an. Jahrhunderte später wurde durch Karl den Großen die Verbesserung der Weinkulturen im Frankenreich gefördert und durch Klöster weiter verbreitet. So wurde auch in unserer Gegend Wein angebaut. Ungünstiger Boden und Klima und der aufkommende Hopfenanbau verdrängten zunehmend den Weinbau, bis er schließlich um 1600 zum Erliegen kam.

🚲 ... über Esperstr. und „Röthanger" auf die kleine Landstraße nach Rosenbach
🚲 ... in Rosenbach links, dann auf der rechten Seite

> **🏠 Einkehrziel: Zum Rosenbacher Biergarten**
> Rosenbach 6a, 91077 Neunkirchen, Tel. 09134-7910
> **Öffnungszeiten:** Mo–Fr 17–23 Uhr, Sa, Sonn- u. Feiertag 11–23 Uhr
> Der teils überdachte Biergarten mit Kinderspielplatz bietet warmes Essen und Brotzeiten, je nach Saison auch Spargel und Karpfen sowie Würstchen vom Grill ab 1,60 Euro.
> **Bier:** Halbe Weißenoher 2,10 Euro

❼ Rosenbach

Rosenbach zählt heute knapp 250 Einwohner und war früher aufgeteilt in die katholischen Teile Oberrosenbach und Mittelrosenbach und das evangelisch orientierte Unterrosenbach. 1315 wird erstmals die Ortsbezeichnung „Rossmarsbach" erwähnt, bis 1812 wurde auch die Bezeichnung „Rosemar" verwendet. Bereits 1778 wird von einer „Zapfschänke" berichtet.

🚲 ... ein Stück des Weges zurück und links in die Erleinhofer Str.
🚲 ... durch den Wald nach Neunkirchen

Erleinhofer Tor in Neunkirchen am Brand

❽ Markt Neunkirchen am Brand

1195 erstmals urkundlich erwähnt, zählt Neunkirchen heute etwa 7500 Einwohner. Die geschlossene Bauweise mit alten und neuen Fachwerkhäusern, den gut erhaltenen vier Tortürmen mit Torhäusern – Erleinhofer Tor, als einziges noch bewohnt, Erlanger Tor, Forchheimer Tor und Klosterhoftor – und Reste der Stadtmauer aus dem 16. Jh. verleihen dem Ortskern des historischen Marktes ein mittelalterliches Ambiente. Weitere historische Gebäude im Zentrum sind die Katharinenkapelle aus der Mitte des 15. Jh., die Klosterzehentscheune aus dem 16. Jh., das barocke ehemalige Amtshaus von 1734, das im Barockstil gehaltene Rathaus von 1718 und das Klosterschulgebäude aus dem Jahre 1615, heute Rathaus. Zudem liegt Neunkirchen an der Burgenstraße, die von Mannheim nach Prag verläuft.

Die ursprüngliche Kirche zur hl. Agnes wird bereits 1028 erwähnt. Die ehemalige Klosterkirche St. Michael ist das bedeutendste Baudenkmal des Ortes und wurde 1314 als Chorherrenstift der Augustiner gegründet und war Anlass zur Marktgründung im Jahre 1348. Die jetzige stattliche Pfarrkirche St. Michael mit Kapitelbau birgt reiche Kunstschätze und gab Neunkirchen wohl den eigentlichen Namen: „Zur neuen Kirchen". Einer Sage nach aber hat Neunkirchen seinen Namen von acht Filialkirchen aus der Umgebung und seiner eigenen Kirche. Etwas östlich davon liegt am Fuße des Gugelbergs die barocke Heiliggrabkapelle von 1628.

Die im 19. Jh. v.a. seit Eröffnung der Seku zunehmende Orientierung nach Erlangen änderte nichts an der katholischen Prägung und Zugehörigkeit zum Landkreis Forchheim.

> **Einkehrmöglichkeit: Gasthof zur Post**
> Gräfenberger Str. 2, 91077 Neunkirchen a. Br., Tel.: 09134-995807
> **Öffnungszeiten:** Mo–Sa 11:30–14:30 u. 17:30–24 Uhr, So 11:30–22 Uhr
> junge fränkische Küche
> **Bier:** 0,4 l Kulmbacher ab 2 Euro, 0,4 l Mönchshofer Schwarzbier 2,30 Euro

... von der Kirche aus auf dem Radweg links entlang der Erlanger Str. nach Dormitz

9 Dormitz

Erste urkundliche Erwähnung findet das heute rund 2000 Einwohner zählende Dormitz als „Dornbenz" = Dornenwiese Mitte des 12. Jh. Die Kath. Pfarrkirche wurde um 1400 etwas erhöht über dem Ort errichtet. Besonderheiten des gotischen Bauwerkes sind der seltene Kirchturm mit Turmkranz, die Brautpforte am Südeingang und die reiche Innenausstattung. Friedhof und Kirche waren ursprünglich mit einer starken Wehrmauer und runden Türmen befestigt. Im 19. Jh. wurde der größte Teil der ehemaligen

Die ehemalige Klosterkirche in Neunkirchen am Brand

Kirchenburg abgebrochen. Im Gedenken u.a. an die Verschonung des Ortes durch die Amerikaner im 2. Weltkrieg wurde auf dem Dormitzer Kirchberg eine Schutzmantelmadonna aufgestellt. Von Dormitz aus ist in Richtung Kleinsendelbach ein Abstecher zu den Baggerseen möglich.

- *... auf dem Radweg rechts entlang der Hauptstr. nach Weiher*
- *... in Weiher nach der Ampel rechts und links in die Weinbergstr. zum Sportplatz und auf den Radweg nach Uttenreuth*
- *... in Uttenreuth entlang der Gräfenberger und Erlanger Str. nach Spardorf, am Busbahnhof in die „Lange Zeile" nach Sieglitzhof und zurück zum Schlossplatz*

Tour 7 — Entlang des Reichswalds zu den Kreuzweihern

Einkehrziel: *Gaststätte Am Kreuzweiher*

Route >>> *Schlossplatz Erlangen – Röthelheimpark – Wildschweingehege Buckenhof – Eisenstraße mit Gesundbrunnen und Indianerschlucht – Raketensilos der US-Army – Kreuzweiher – Uttenreuth – Buckenhof – Schlossplatz Erlangen*

Strecke: ca. 23km, keine Steigungen, asphaltierte/geschotterte Feld- und Waldwege
Anschluss an andere Touren:
✓ von den Kreuzweihern nach Dormitz an Tour 6
✓ von den Kreuzweihern nach Kalchreuth an Tour 8

... vom Schlossplatz über Universitäts-, Fahr- und Hofmannstr. in die Allee am Röthelheimpark, dann rechts in den Martin-Luther-King-Weg

❶ Röthelheimpark

Der ehemalige Exerzierplatz – seit 1997 Röthelheimpark genannt – umfasst einen 136ha großen Bereich zwischen Artilleriestr., Staudtstr., Hartmannstr. und Kurt-Schumacher-Str. 1825 war das Gelände noch Teil des Reichswaldes mit Weide- und Ackerland. Ende des 19. Jh. begann die militärische Nutzung des Areals, nachdem Erlangen Garnisonsstadt geworden war. 1945 übernahmen die US-Streitkräfte das bis dahin von der Wehrmacht genutzte Gelände und errichteten u.a. einen Flugplatz und zahlreiche Wohnungen („Housing Area"). Nach dem Abzug der Amerikaner 1994 erwarb die Stadt das Areal. Die Freigabe der ehemaligen Mi-

Wildschweingehege im Buckenhofer Forst

litärflächen bot Erlangen die einmalige Möglichkeit, auf einer großen zusammenhängenden Fläche zentrums- und naturnah einen neuen Stadtteil zu entwickeln. Ein Siedlungsmodell, z.T. in alten denkmalgeschützten Kasernenanlagen, und das Naturschutzgebiet Exerzierplatz im Süden des Geländes wurden bereits realisiert, auch Universität und Siemens haben sich schon angesiedelt. Bis 2010 soll der Röthelheimpark 22ha Wohn- und 16ha Gewerbeflächen, 30ha für öffentliche Einrichtungen und 18ha sonstige Infrastrukturflächen sowie 15ha Grünflächen umfassen.

🚲 ... bis zum 3. gepflasterten Platz, dann links in den Thymianweg Richtung OBI, geradeaus über den Kreisverkehr – hier soll die geplante Südumgehung (siehe Exkurs) einmünden – auf die ehemalige Panzerstraße

🚲 ... geradeaus in den Reichswald, an der Rechtskurve liegt linker Hand der Panzerteich, dort links und gleich wieder rechts, dann nächster Weg links

❷ Wildschweingehege Buckenhof

1970 legte das Forstamt Erlangen ein Wildschweingehege im Buckenhofer Forst an. Vom Aussichtsturm kann man die Schwarzkittel gut beobachten, vor allem die Frischlinge lassen sich gerne mit rohen Spaghettis füttern. 1992 renoviert, ist das Gehege mittlerweile wieder baufällig. Mittelfristig muss das beliebte Ausflugsziel aus dem Wasserschutzgebiet herausgenommen werden, voraussichtlich 2005 wird es Richtung Wasserwerk Ost und damit noch näher an die geplante Südumgehung verlegt.
Buckenhof ist ein altes Reichswalddorf und entstand in der Zeit der allgemeinen Besiedlung zwischen dem 11. und 12. Jh am nordwestlichen Ende des Sebalder Reichswaldes. 1359 erstmals urkundlich erwähnt, erfolgte 1372 die Belehnung als Forsthube. 1564/67 erbauten die Freiherren von Haller das Schloss, das 1850 die „Innere Mission" erwarb und darin das erste „Rettungshaus für arme Knaben und Mädchen" in Bayern errichtete, die heutige Jugendheimstätte Puckenhof. Bis um die Jahrhundertwende rein landwirtschaftlich ausgerichtet, ist Buckenhof heute eine bevorzugte Wohngemeinde mit etwa 3200 Einwohnern in unmittelbarer Nachbarschaft zur Universitätsstadt Erlangen.

🚲 ... immer geradeaus bis zu einer kleinen Brücke

❸ Indianerschlucht und Gesundbrunnen an der Eisenstraße

Etwa 1km östlich von Buckenhof am Weg nach Kalchreuth liegen die Indianerschlucht und der ehemalige Gesundbrunnen im Schwabachtal.
Unterhalb der Brücke hat sich der Muckenbach tief in den Sandstein gegraben und macht so den Eindruck eines kleinen Canyons ehe er in die Schwabach mündet. Wahrscheinlich gaben ihm spielende Kinder aus der Umgebung den Namen Indianerschlucht. Etwa 100m seitlich unterhalb der Einmündung liegt die Quelle des einst weitbekannten Gesundbrunnens. Das Wasser wurde als „besonders gesund" bezeichnet und zum Genuss empfohlen, auch

sollte der mineralische Brunnen gegen bestimmte Krankheiten helfen. Ein bereits 1709 erschienenes Büchlein des damaligen Kreisarztes Balthasar Thiem lockte zahlreiche Besucher an, die das Wasser tranken, sich damit wuschen und es mit nach Hause nahmen. 1726 wurde die Quelle ummauert und eine Treppe errichtet, beides aber bereits im gleichen Jahr infolge unklarer Rechtsverhältnisse wieder zerstört. Der spätere Besitzer, ein Freiherr von Haller, ließ die Anlagen instandsetzen und auch

In der Indianerschlucht zwischen Buckenhof und Uttenreuth

die Markgrafen besuchten des öfteren den Gesundbrunnen. Nach mündlicher Überlieferung soll einst sogar eine Allee von Buckenhof zur Quelle geführt haben. Nachdem Besucher zunehmend Unrat und Abfälle hinterließen, untersagte der Besitzer zwischenzeitlich die Nutzung, erteilte aber wenige Jahre später wieder Zutritt. Der Brauch, an warmen Sommertagen an dem romantischen Platz Kaffee zu trinken und Feste abzuhalten, währte bis weit ins 19. Jh. hinein. Später geriet der Brunnen und seine ungewöhnliche Heilkraft allmählich in Vergessenheit.

Die Eisenstraße ist ein alter Handelsweg, der bereits 805 erwähnt wurde und von der Donau zur Elbmündung führte. Auf ihr soll hauptsächlich Eisen aus der Steiermark transportiert worden sein. In unserer Gegend verlief sie über Eschenau und Neunkirchen am Brand nach Forchheim. Über die Fortsetzung der Eisenstraße von Eschenau nach Westen gibt es keine Aufzeichnungen. Man nahm an, dass ein Verlauf nach Erlangen und Forchheim möglich sei. Zumindest führte ein Straßenzug bis etwa 1km östlich von Buckenhof den Namen Eisenstraße. Von dort verzweigte sich der Weg Richtung Erlangen, Buckenhof und Bruck. Im 18. Jh. kam der Eisenstraße eine nicht geringe Bedeutung als Salzstraße zu und auch Frankenwein wurde auf diesem Wege transportiert. Weiterhin führte eine historische Handelsstraße von den Umschlagplätzen an Main und Rhein nach Osten über Buckenhof und Neunkirchen am Brand in das Eisenrevier der Oberpfalz und

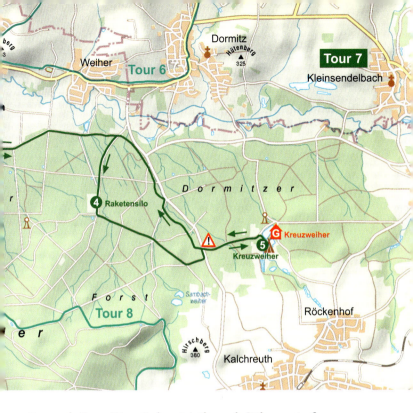

weiter nach Prag. Die seit dem 14. Jh. auch Böhmenstraße genannte Eisenstraße lässt sich nur in Teilen rekonstruieren. Schlecht bestellt war es von jeher um die Sicherheit der Reisenden und Fuhrleute. Wegelagerer und vagabundierendes Gaunergesindel wurden zur Abschreckung nicht selten direkt am Wegesrand am Galgen aufgeknüpft.

... weiter geradeaus am Waldrand entlang bis zur Asphaltstraße, dieser nach rechts folgen

❹ Raketensilos der US-Army

Die US-Army hatte während ihrer Anwesenheit in Erlangen 1945–1994 Munitionsbunker im Reichswald angelegt. Auf dem Übungsgelände und Schießplatz in Tennenlohe wurden auch

Exkurs: Südumgehung – Verkehr im Schwabachtal

Die Diskussion um eine Südumgehung der Buckenhofer Siedlung sowie der Gemeinden Buckenhof, Uttenreuth und Weiher geht ursprünglich auf die teilweise Beschlagnahme des Sebalder Reichswalds als Standortübungsplatz der US-Garnison zurück. Denn die 1952 erfolgten Sperrungen der Nord-Süd-Verbindungen Dormitz–Neunhof bzw. Uttenreuth–Tennenlohe und die Zunahme des Individualverkehrs führten zu einer erheblichen Belastung im Erlanger Stadtgebiet. Der Abzug der Amerikaner und die ungelösten Verkehrsprobleme der Umlandgemeinden drängten auf eine Realisierung der Südumgehung. Mit dem Bau der „Allee am Röthelheimpark" nahmen die Planungen konkrete Formen an. Im Jahr 2000 erklärte die Regierung von Mittelfranken eine Umgehungsstraße für „unabdingbar". Von den vier vorgeschlagenen Trassen beurteilte sie Variante 1, die ortsnahe Südumgehung, beginnend beim OBI-Kreisel, als hinnehmbar, obwohl sie einen „schweren Eingriff in Natur und Landschaft" und eine Gefahr für das Grundwasserreservoir der Stadt Erlangen darstellt. Gegen einen neuen Straßenbau und für eine Stadt-Umland-Bahn sprachen sich dagegen der Erlanger Stadtrat und der Gemeinderat von Buckenhof aus. Eine Realisierung – zum Zeitpunkt der Drucklegung noch offen – würde das in dieser Tour vorgestellte Gebiet regelrecht entstellen.

Atomwaffen vermutet. Der ABC-Waffen-Verdacht führte zu öffentlicher Kritik und Protesten. Noch heute wird immer wieder Altmunition zu Tage gefördert. Die teilweise noch scharfen Waffen stammen nicht nur von den amerikanischen Truppen, sondern auch aus der Zeit vor dem Zweiten Weltkrieg, als die Wehrmacht auf dem Gelände probte.

🚲 ... *vom Platz vor den Silos Weg Richtung Kalchreuth, immer geradeaus, am Kreuzstein (312er Punkt) vorbei*

🚲 ... an Einmündung in größeren Weg links, über die Straße Kalchreuth-Weiher, Wegweiser Kreuzweiher folgen

5 Kreuzweiher

Still und verträumt liegen die Weiher im Wald. Während der große Waldweiher unberührt und ursprünglich geblieben ist, belebte nebenan einst ein Familienbad die Idylle. Heute laden Gaststätte und Campingplatz zur Erholung ein. Kein Badeweiher!

Die Kreuzweiher bei Kalchreuth

> 🏠 **Einkehrziel: Gaststätte Am Kreuzweiher**
> Kreuzweiher 1, 90562 Kalchreuth, Tel. 0911-5187765
> **Öffnungszeiten:** täglich ab 11 Uhr, je nach Betrieb abends bis ca. 23 Uhr, Mi Ruhetag
> Sonntags Schäufele, Schweinebraten, Karpfen, Kuchen
> **Bier:** Halbe Wolfshöher, Scherdel, Andechs Dunkel ab 1,95 Euro

🚲 ... *von den Weihern zurück zur Straße Kalchreuth-Weiher, diese überqueren und nach rechts (kleiner Weg parallel zur Straße) den Wegweisern nach Erlangen folgen*

Tour 8 — Über Ohrwaschel und Teufelsbadstube in das Kirschendorf Kalchreuth

Einkehrziel: *Schloss-Gaststätte Kalchreuth*
weitere **Einkehrmöglichkeiten** *in: Kalchreuth*

Route >>> *Schlossplatz Erlangen – Exerzierplatz – Standortübungsplatz Tennenlohe – Ohrwaschel – Wolfsfelder Wiese – Teufelsbadstube/Felsenkeller – Kalchreuth – Dürerquelle/ Jungfernsitz – Tropfender Fels – Schlossplatz Erlangen*

Strecke: ca. 31km, einige Steigungen, schattige Schotter- und Waldwege
Anschluss an andere Touren:
✓ von Kalchreuth an Tour 7 und Tour 9

... vom Schlossplatz über Universitäts-, Fahr- und Hofmannstr. in die Allee am Röthelheimpark, dann rechts in den Martin-Luther-King-Weg und am Ende rechts in den Silbergrasweg zum Ökologischen Info-Pavillon

❶ Naturschutzgebiet „Exerzierplatz"

Seit 2000 ist der Kernbereich des südlichen Exerzierplatzgeländes mit 25ha als Naturschutzgebiet ausgewiesen. Das Gebiet ist auch wesentlicher Bestandteil des größten bayerischen Naturschutzprojektes, der „SandAchse Franken", mit dem so genannte Sandlebensräume zwischen Weißenburg und Bamberg miteinander verbunden werden sollen. „Sandgarten", Infotafeln und Info-Pavillon im Nordwesten des Areals illustrieren anschaulich den Lebensraum und seine Tier- und Pflanzenarten. Die empfindliche

Im Tennenloher Forst

Nahtstelle zwischen Freizeitnutzung und Naturraum stellt einen sehr wertvollen Biotopkomplex dar, das Nebeneinander extrem trockener und feuchter Flächen ist ein herausragendes Landschaftsmerkmal. Die Biotopstruktur dieser Flächen begünstigt die hohe Zahl europaweit gefährdeter Vogelarten wie z.B. Neuntöter und Heidelerche. Die im Sommer austrocknenden Tümpel bieten z.B. der Kreuzkröte Lebensraum. Auf den Sandmagerrasen kommen Blaufügelige Ödlandschrecke und Silbergras vor. Ziel ist es, nicht nur Einblicke in die Vielfalt, Eigenart und Schönheit eines stadtnahen, ökologisch bedeutsamen Lebensraumes zu vermitteln, sondern auch die Erlanger Bürger nachhaltig für das Thema Naturschutz zu interessieren.

- 🚲 *... auf dem Silbergrasweg Richtung OBI, über den Kreisverkehr in den Wald hinein der ehemaligen Panzerstraße folgen*
- 🚲 *... nach der Rechtskurve ist rechter Hand ein neu angelegter Brunnenpegel zu sehen*
- 🚲 *... nach einer Hütte auf der linken Seite links ab und leicht bergan*

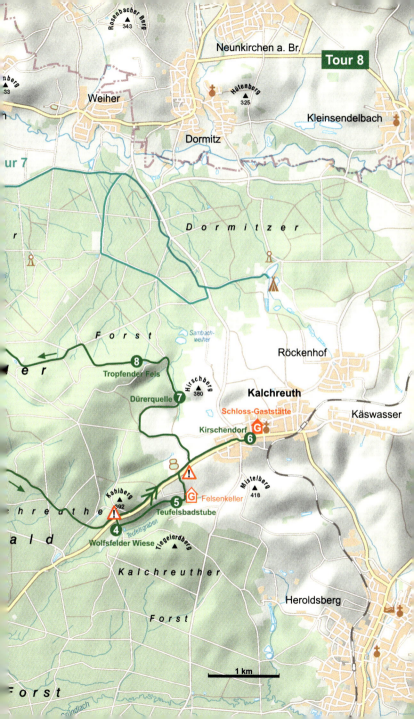

❷ Standortübungsplatz Tennenlohe

Im Zuge der Aufrüstung des „Dritten Reiches" wurde 1935 im Reichswald östlich von Tennenlohe ein 440ha großer Standortübungsplatz angelegt, den 1945 die US-Garnison übernahm. Das 1951 erheblich ausgeweitete Gebiet reichte bis fast nach Dormitz und Kalchreuth und über die Verbindungsstraße nach Neunhof hinaus, die mit Mühe für den Verkehr freigehalten werden konnte. Der Übungsbetrieb gefährdete nicht nur die Trinkwasserbrunnen östlich des Exerzierplatzes und am Nordrand des Standortübungsplatzes, die verwendete Leuchtspurmunition löste auch häufig Waldbrände aus und die schweren Panzer ruinierten die Wege. Dennoch gelang es, eine völlige Zerstörung des Waldes zu verhindern und ihn an den schießfreien Tagen für die Bevölkerung außerhalb der Sperrzone offenzuhalten. Neben dem Geschützlärm war besonders der rege Panzerverkehr von und zum Standortübungsplatz lästig, führte er doch z.T. durch Erlanger Wohngebiete. Heute dient der Wald wieder der Naherholung, die zeitweise heftig umstrittenen früheren Munitionsbunker mitten im Wald erinnern noch an die frühere Nutzung.

Mit mehr als 934ha Fläche ist der „Tennenloher Forst" am Rande Erlangens das größte Naturschutzgebiet in Mittelfranken. Über 1600 Tier- und Pflanzenarten haben hier ein Refugium gefunden, mehr als 300 dieser Arten stehen auf der „Roten Liste", sind also akut vom Aussterben bedroht. Seit Abzug der US-Truppen droht das Areal allerdings zu verbuschen. Seltene Tier- und Planzenarten wie Silbergras, Sandbiene, Laufkäfer, Heuschrecken und seltene Vögel wie der Ziegenmelker sind dadurch gefährdet, da sie von kargen, nährstoffarmen Verhältnissen abhängig sind. So wurde 2003 auf dem ehemaligen Truppenübungsgelände östlich von Tennenlohe ein 52ha großes eingezäuntes Sandbiotop für Wildpferde eingerichtet. Die Beweidung durch eine kleine Herde Przewalski-Pferde aus dem Münchner Tiergarten Hellabrunn soll dafür sorgen, dass die durch Truppenübungen entstandenen Kleinbiotope in Fuhrrinnen und Senken erhalten bleiben. Die robusten Tiere, die in freier Wildbahn bereits ausgestorben sind, werden hier in der fränkischen „Halbwildnis" auf ihre endgültige

Auswilderung in Kasachstan vorbereitet. Unter Biologen ist allerdings nach wie vor umstritten, ob der Einsatz der Pferde zum gewünschten Erfolg führen wird. Gegner der ungewöhnlichen Maßnahme zum Biotopschutz befürchten, dass die Wildpferde mehr zerstören als retten werden.

Ein Abstecher zu Fuß führt auf den ehemaligen „Kugelfangwall". Am Fuß des Aussichtspunktes stehen ein Steinkreuz mit Becken und eine Info-Tafel. Oben kann man einen weiten Rundumblick u.a. auf die Nürnberger Burg genießen.

... am Zaun links, an der nächsten Kreuzung (Flurname „Kreuzeiche") rechts der Blaukreuzmarkierung folgen

... an der fünfstrahligen Wegkreuzung rechts (Blaukreuz, „gelber Schmetterling") Richtung Neunhof auf der alten Dormitzer Str., nach 200m liegen linker Hand aufgelassene Steinbrüche

❸ Ohrwaschel

Schon 1699 wird die Bezeichnung Ohrwaschen, seit 1810 dann Ohrwaschel (= mundartlich für Ohrmuschel) erwähnt. Nachweislich wurde hier ab 1827 Sandstein abgebaut, 1839 entdeckte man ein großes Bausandsteinvorkommen. Die 1866 eingerichtete Bierwirtschaft machte die Ohrwaschel zu einem beliebten Ausflugsziel, von der Höhe bot sich einst ein schöner Blick nach Erlangen. Schließlich verdrängte Backstein den Sandstein als Baumaterial, die Klagen über Forstfrevel, Vogelfang und Wilderei nahmen zu und die Wirtschaft genoss ob der trinkfreudigen Steinbrecher einen schlechten Ruf. 1912 wurde das Gasthaus geschlossen, die Gebäude abgerissen und der Steinbruch seitdem vom Wald überwuchert. Auf der linken Seite sind noch Reste der aufgelassenen Steinbrüche zu sehen, rechter Hand liegt der alte Bierkeller.

... weiter auf der alten Dormitzer Str., nächster Weg links (Flurname „Abschießplatz")

... nächster Weg rechts (Findling „Spinne"), nach dem Tälchen links dem Weg folgen bis zur Straße Neunhof-Kalchreuth, hier links dem Blaukreuz nach hinauf nach Kalchreuth

EXKURS: DER SEBALDER REICHSWALD

1021 schenkte Kaiser Heinrich II. dem Bistum Bamberg den Wald nördlich von Nürnberg, der 1040 wieder an das Reich zurückfiel. Durch Rodungen entstanden Ortschaften und es wurden Heeres- und Handelsstraßen angelegt. Plätze und Flurdenkmäler erinnern noch heute an Wilderer, Holzfrevler und Räuber, die im Reichswald ihr Unwesen trieben. 1427 ging das Gebiet an die Stadt Nürnberg und 1809 an das Königreich Bayern über. Benannt nach der Nürnberger Sebaldus-Kirche, zählt der älteste Kunstforst der Welt ca. 14000ha Fläche. Bereits 1368 nahm hier der Nürnberger Patrizier Peter Stromer Aufforstungen mittels Aussaat von Nadelbaumsamen vor. Über 600 Jahre intensiver Bewirtschaftung durch Holzeinschlag, Waldweide und Streunutzung sowie Katastrophen wie die explosionsartige Ausbreitung des Kiefernspanners vor rund 100 Jahren haben den Reichswald in seiner Struktur stark verändert. Vor allem die schnellwüchsige Kiefer mit ihren geringen Standortansprüchen verwandelte den ursprünglichen Mischwald in den so genannten „Steckerleswald" mit verminderter Standortqualität durch versauerte Böden. 1985 als Bannwald ausgewiesen, ist man bemüht, den Reichswald wieder in einen gesunden Mischwald umzubauen. Geschichte und Gegenwart des Reichswalds vermittelt das Walderlebniszentrum in Tennenlohe (Tour 9).

Im Steckerleswald

🚲 *... am Wanderparkplatz rechter Hand Abstecher hinunter zur Wolfsfelder Wiese*

❹ Wolfsfelder Wiese

Seit 1974 veranstaltet das Forstamt Erlangen auf der Lichtung unweit der Straße Kalchreuth–Neunhof zu Himmelfahrt sein beliebtes Waldfest. Von 1150 bis 1900 lag hier der Weiler Wolfsfelden, der als Räubernest galt. Als Bestandteil des Sebalder Reichswaldes war Wolfsfelden altes Reichsgut und im Besitz der Burggrafen von Nürnberg. Schon vor dem 30-jährigen Krieg soll sich hier ein Schlossgut befunden haben. 70 Einwohner zählte der Weiler um 1850. Damals gab es auch ein Wirtshaus, das Wolfsfelden zum Verhängnis werden sollte, obwohl oder gerade weil das Geschäft gut lief. Neben Studenten aus Erlangen, die fröhliche Trinkgelage abhielten und Mensuren austrugen, zog die Einöde mitten im Wald auch allerlei Gesindel an. Schließlich wussten sich die Behörden nicht mehr anders zu helfen und kauften ab 1893 nach und nach alle Anwesen auf und machten sie dem Erdboden gleich. Am 1. Januar 1900 wurde der Weiler offiziell aufgelassen, heute erinnert nur noch ein Findling am Rand der Wolfsfelder Wiese an das kleine Dorf.

🚲 *... rechts steht der Findling, links der Markierung blauer Balken zum Felsenkeller und zur Teufelsbadstube folgen oder bequemer den Radweg entlang der Straße bis zum Sportplatz nehmen und dann rechts hinunter zu Felsenkeller und Teufelsbadstube*

❺ Teufelsbadstube

Eine wildromantische Rhätschlucht führt bachaufwärts von der Wolfsfelder Wiese hinauf zum Felsenkeller. Oben schließen sich die Felsüberhänge zu einem Halbrund, über das der Bach als kleiner Wasserfall in ein Becken aus Sandstein plätschert: „des Teufels Badeplatz". Früher konnten sich die Bauern nur übernatürliche Kräfte für die Entstehung dieses Naturdenkmals vorstellen, daher der Name. Ebenso die Bezeichnung „Teufelsfinger": So wer-

Die Teufelsbadstube bei Kalchreuth

den im Volksmund die versteinerten Überreste der mit den Tintenfischen verwandten Belemniten des Jurameeres genannt, die sich auf den Äckern der Umgebung finden.
In ganz Franken höhlten Brauereien vor Generationen den harten Sandstein aus, um dort ihre Fässer kühl zu lagern. Der Kalchreuther Felsenkeller zeigt die Jahreszahl 1865. Ältere Einheimische berichten von einem langen Stollen, der von dort bis hinauf zum Schloss reichen und teilweise noch gut erhalten sein soll. Möglicherweise wurde er einst als Fluchtgang oder als unterirdischer Transportweg für die Bierfässer angelegt.

> **Einkehrmöglichkeit: Zum Felsenkeller**
> 90562 Kalchreuth, Tel. 0911-5180868
> **Öffnungszeiten:** Sa, Sonn- u. Feiertag ab ca. 10 Uhr
> Der Felsenkeller mit Brotzeitplatz am Waldrand hat in den Sommermonaten geöffnet, wenn an der Einfahrt die Fahne aufgezogen ist.
> **Bier:** Maß Kitzmann-Pils 4,50 Euro, Maß Dunkles 5,00 Euro

Der Kalchreuther Felsenkeller

🚲 *... zurück zur Straße Neunhof-Kalchreuth und auf dem Radweg weiter hinauf und hinein nach Kalchreuth*

❻ Kirschendorf Kalchreuth

Kalchreuth bedeutet „Kalk-Rodung" und entstand im 11. Jh. Erstmals urkundlich erwähnt wurde der Ort 1298 als Besitz der Burggrafen von Nürnberg, die ihn 1342 an das Nürnberger Patriziergeschlecht der Haller verkauften. Auf den Grundmauern des 1315 erbauten Herrensitzes wurde im Jahre 1560 das heutige Schloss errichtet. Um 1500 war Albrecht Dürer wiederholt zu Gast im Hallerschloss. Bei einer dieser Gelegenheiten entstand eines der bekanntesten Aquarelle des Meisters: Die Aussicht über das Dorf in die Fränkische Schweiz.

Über dem Schloss-Portal ist eine Inschrift eingemeißelt, noch mehr Interesse ruft aber das darüber eingelassene Fries hervor, das die Schlacht der Amazonen zeigt. Das antike Relief weist auf Carl Freiherr Haller von Hallerstein (1774–1817) hin. Der Architekt und Bauforscher hatte ein Faible für griechische Kultur und

Kirschblüte in Kalchreuth

stieß bei archäologischen Ausgrabungen am Apollo-Tempel in Bassae auf den aus mehreren Platten bestehenden Tempel-Fries. Vermutlich wurde die verkleinerte Nachbildung aus weißem Kalkstein erst Anfang des vorigen Jahrhunderts über dem Portal angebracht. Den Patriziersitz haben die Haller zuletzt kaum noch genutzt und ihn schließlich 1850 veräußert.

Mit der benachbarten St. Andreaskirche bildet das Hallerschloss heute den schmucken Mittelpunkt des Dorfes. An der Mauer des Schlosses und des alten Forsthauses finden sich geheimnisvolle Wetzrillen, die in ganz Franken historische Sandsteinmauern zieren (siehe Tour 3 Exkurs).

Die eigentlich evangelische Pfarrkirche wird schon seit vielen Jahren von beiden Konfessionen genutzt. 1471 wurde das Kirchenschiff erbaut, 1494 der Chor von der Familie Haller gestiftet. Im Hauptaltar stehen fünf kunstvoll geschnitzte Figuren, Maria mit dem Jesuskind in der Mitte, links der Apostel Andreas und rechts Petrus, die beiden Außenfiguren zeigen die Stifter Wolfgang und

Ursula von Haller. In der Passionszeit werden die Flügel des Schreinaltars geschlossen und zeigen dann das Leiden Christi. Als besondere Kunstwerke gelten das aus grauem Standstein gemeißelte 9m hohe Sakramentshäuschen aus der Werkstatt des Nürnberger Meisters Adam Kraft und die über dem Chorgestühl thronenden Tonapostel aus dem 14. Jh. Erst 1789 wurde nach 40-jähriger Bauzeit der heutige 36m hohe spätgotische Kirchturm vollendet.

Das Kalchreuther Schloss ist heute Gaststätte

Von etwa 1830 bis 1950 wurde auf dem fruchtbaren Liasboden um Kalchreuth Hopfen angebaut und seit 1855 zunehmend Kirschen, für die sich sogar der bayerische König Max II. an Ort und Stelle interessierte. Der jetzt noch bedeutende Kirschenanbau, die zahlreichen Gasthäuser und die Inbetriebnahme der Gräfenbergbahn im Jahr 1908 machten Kalchreuth schon vor dem 1. Weltkrieg zu einem beliebten Ausflugsziel. Von dem exponierten Höhenzug bietet sich eine herrliche Fernsicht auf Nürnberg sowie die Hersbrucker und Fränkische Schweiz. Heute hat Kalchreuth mit Röckenhof (seit 1978) und Käswasser rund 3000 Einwohner.

> ⌂ **Einkehrziel: Schloss-Gaststätte**
> Schlossplatz 4, 90562 Kalchreuth, Tel. 0911-5180944
> **Öffnungszeiten:** 11–23 Uhr, warme Küche von 12–14 Uhr und 17:30–21 Uhr, Di Ruhetag
> fränkische Küche, schattiger Biergarten im Schlosshof
> **Bier:** Halbe Zirndorfer 1,80 Euro, Halbe Tucher 2,10 Euro

Nicht weniger als 13 Wirtshäuser zählt die Gemeinde Kalchreuth. Davon seien genannt:

> ⌂ **Einkehrmöglichkeit: Gasthaus Drei Linden**
> Buchenbühler Str. 2, 90562 Kalchreuth, Tel. 0911-5188479
> **Öffnungszeiten:** Di–So durchgehend warme Küche von 11:30–21:30 Uhr, Mo Ruhetag
> Eines der wenigen original erhaltenen altfränkischen Gasthäuser, klassisch fränkische Küche mit saisonalen Akzenten, Biergarten unter Linden leider mit Straßenlärm, jeden Dienstag Schlachtschüssel.
> **Bier:** Halbe Kitzmann 2,10 Euro, Aufsesser Sonnenbräu
>
> ⌂ **Einkehrmöglichkeit: Kirschgarten Cafe**
> Erlanger Str. 24, 90562 Kalchreuth, Tel. 0911-5181166
> **Öffnungszeiten:** Mo–Fr 14–18 Uhr, Sa 13–18 Uhr, So Ruhetag
> **Bier:** Halbe Wolfshöher 2,30 Euro
>
> ⌂ **Einkehrmöglichkeit: Gaststätte und Metzgerei Meisel**
> Dorfplatz 1+14, 90562 Kalchreuth, Tel. 0911-5626956
> **Öffnungszeiten:** 9–21 Uhr, Mo Ruhetag
> Hauseigene Schlachtung, fränkische Wurstspezialitäten (auch zum Mitnehmen) und gutbürgerliche Gerichte aus dem Frankenland bietet die Gaststätte mit Biergarten im Innenhof, deren Geschichte bis ins 16. Jh. zurückreicht.
> **Bier:** Halbe Wolfshöher 2 Euro

🚲 ... von Kalchreuth wieder Richtung Neunhof, vor dem Sportplatz rechts (Radwegweiser Nr. 8)

🚲 ... *im Wald gleich rechts, dann steil bergab*

❼ Dürerquelle und Jungfernsitz

Rechts unterhalb des Weges liegt die Quelle, die Dürer einmal gezeichnet hat, daher der Name.
Blickt man den Bachlauf hinab, fällt oberhalb davon ein Felsbrocken auf, der so genannte Jungfernsitz, der seinen Namen nach einer hübschen Sitzecke hat, die in den Sandsteinfelsen auf der dem Bach zugewandten Seite eingehauen ist.

🚲 ... *weiter bergab, an der nächsten Kreuzung scharf links*

❽ Tropfender Fels

Links am Wegrand ist unter Bäumen eine kleine Quelle zu finden, die unter dem Namen „Tropfender Fels" bekannt ist. Unter einem Fels aus Burgsandstein quillt Wasser hervor, das durch eine wasserundurchlässige Tonschicht aufgestaut wird – es handelt sich um eine so genannte Schichtquelle. Bei lang anhaltendem trockenen Wetter kann der „tropfende Fels" versiegen. Er entwässert nach Norden über den Sandbuckgraben in die Schwabach.

🚲 ... *an der nächsten Weggabelung rechts, dann wieder links*
🚲 ... *rechts durch ein altes Sandabbaugebiet, hinab zur Ohrwaschelbrücke*
🚲 ... *an der fünfstrahligen Wegkreuzung geradeaus, bergab, an der folgenden Weggabelung rechts*
🚲 ... *jetzt immer dem Hauptweg folgend, an der großen betonierten Kreuzung halblinks*
🚲 ... *nach etwa 1km stößt man auf den Panzerweg, rechts zurück zum OBI-Kreisel, oder geradeaus, am Weißenbrunnsee vorbei zum Uni-Südgelände*

Tour 9 — In das Knoblauchsland nach Kraftshof

Einkehrziel: *Gasthof Zum Alten Forsthaus in Neunhof*
weitere Einkehrmöglichkeiten *in: Großgründlach*

Route >>> *Schlossplatz Erlangen – Franzosenweg/Brucker Lache – Tennenlohe – Böhmlach – Neunhof – Kraftshof – Irrhain – Neunhof – Großgründlach – Tennenlohe – Franzosenweg/Brucker Lache – Schlossplatz Erlangen*

Strecke: ca. 27km, keine Steigungen, durchgehend geschotterte Fahrrad- oder Waldwege
Anschluss an andere Touren:
✓ von der Böhmlach zum Kugelfangwall an Tour 8
✓ von Großgründlach über Kleingründlach nach Eltersdorf an Tour 10

... vom Schlossplatz auf der Hauptstr. und der Nürnberger Str. Richtung Südstadt

❶ Reichsstraße 4

Über die Nürnberger Str. verlief die ehemalige Reichsstraße 4, die 1949 in Bundesstraße (B4) umbenannt wurde. 1957 wurde zwischen Tennenlohe und Erlangen eine neue Trasse angelegt, die 200-jährige Eichenallee blieb dabei erhalten. Erst 1970 verlegte man die B4 aus dem Stadtzentrum Richtung Frankenschnellweg. Südlich des alten Stadteingangs am Ohmplatz sind noch Reste der 1725 gepflanzten Kastanienbäume zu sehen und zwischen den Häusern erinnern noch einige Kiefern an den einst bis hierher reichenden Reichswald.

🚲 ... *unter der Paul-Gossen-Str. hindurch, links in die Friedrich-Bauer-Str., dann Fahrradweg rechts (Wegweiser „Brucker Lache")*
🚲 ... *geradeaus bis zur Lichtung auf der rechten Seite (Schutzhütte)*

❷ Brucker Lache

Im Zuge der bayerischen Landesvermessung um 1820 angelegt, um eine Sichtverbindung zwischen den Türmen der Tennenloher und der Hugenottenkirche zu erhalten, verläuft der Franzosenweg 2km schnurgerade durch die Brucker Lache. Von der 260ha großen Fläche wurden 1964 76ha zum Naturschutzgebiet erklärt und davon wiederum 1978 30ha als Naturwaldreservat ausgewiesen. 1984 wurde das Naturschutzgebiet auf 110ha erweitert und ein Jahr später die gesamte Brucker Lache zum Bannwald erklärt. Nahe des Weges sind sumpfige Stellen erkennbar, hier befindet sich das Quellgebiet des Bachgrabens, der westwärts durch Bruck und in die Regnitz fließt. Die typischen Erlen-Eschenwälder im Einzugsbereich des Bachgrabens gehen über bis zum trockenen Kiefernwald auf quartären Terrassen- und Flugsanden, so dass man anhand der Baumarten den Grundwasserspiegel ablesen kann. Die braune Farbe in manchen Gräben ist auf Versauerungserscheinungen des stark mit Nadeln und anderen Pflanzenresten vermischten Wassers zurückzuführen. Eine große Belastung für das Naturwaldreservat ist die winterliche Salzstreuung auf der nahgelegenen B4.

🚲 ... *dem Franzosenweg bis zur Weinstr. folgen, über die Straße geradeaus, dann links direkt zu auf das Waldmuseum*

❸ Walderlebniszentrum Tennenlohe

1975 als Waldmuseum gegründet, unterhält die Bayerische Staatsforstverwaltung das Walderlebniszentrum. Hier können kleine und große Besucher den Lebensraum Wald mit allen Sinnen erkunden, Ausstellungen informieren über die Nutzungsgeschichte des Nürnberger Reichswalds, über Biologie, Ökologie, Pflanzen

und Tiere des Waldes. Im Gelände laden jederzeit Waldlabyrinth, Waldheilpflanzenlehrpfad und Naturerlebnispfad ein, letzterer ist barfuß zu erleben.
Franzosenweg 60, 91058 Erlangen, Tel. 09131-604640
Öffnungszeiten: Mo u. Fr 9–12 Uhr, Di–Do 9–16 Uhr, Sonn- u. Feiertag 10–16 Uhr, Sa geschlossen
Eintritt frei! Führungen: Kinder 1 Euro, Erwachsene 2 Euro

… vom Eingang des Walderlebniszentrums scharf rechts wenden, durch den Wald zur Sebastianstr., hier rechts auf dem Radweg nach Tennenlohe hinein

4 Tennenlohe

1265 erstmals urkundlich erwähnt, gehörte Tennenlohe lange zur Reichsstadt Nürnberg. Die Markgrafen betrieben hier seit 1386 eine Geleits- und Zollstation an der Straße Nürnberg–Erlangen. Das alte Zollhaus ist noch erhalten (Tafel). In beiden Markgrafenkriegen und im 30-jährigen Krieg wurde der alte Durchgangsort weitgehend zerstört. Erhalten blieb u.a. das 1609 erbaute Wirtshaus zum Roten Ross.
Der Dorfweiher ist der letzte erhaltene seiner Art in Erlangen, früher

Die gotische Dorfkirche in Tennenlohe

diente er als Löschteich, Gänsehut und zur Karpfenzucht. Dort befindet sich auch der 1996 errichtete Skulpturenpark mit einer sprechenden Bildinfosäule.

Die spätgotische Kirche St. Maria Magdalena wurde Mitte des 15. Jh. erbaut, das barocke Langhaus mit Stuckdecke 1766/68 zwischen Chor und Turm eingeschoben. Im Innern finden sich Wappen Nürnberger Patrizierfamilien und Freskenfragmente aus dem 16. Jh. Der schlanke Spitzhelm des viergeschossigen Westturms gehört zu den Blickpunkten des Knoblauchlandes.

Das 1777/82 durch die Volckamer erbaute Schloss südlich der Kirche bietet heute fränkische Küche.

Vor allem seit Fertigstellung der A3 1964 entstanden zahlreiche neue Wohn- und Gewerbegebiete wie das Technologiezentrum am Wetterkreuz (alter Flurname) im südlichen Dorfteil. 1972 nach Erlangen eingemeindet, zählt Tennenlohe heute knapp 4500 Einwohner.

🚲 ... vom Dorfweiher über die Sebastianstr. auf die Fahrradbrücke über die B4, danach rechts

❺ Naturwaldreservat Böhmlach

Das einzige nicht genutzte Reststück des Reichswaldes wurde 1978 als Naturwaldreservat ausgewiesen. Der 11ha große Sumpfwald entwässert durch den Hutgraben, der westlich von Kalchreuth entspringt und durch Tennenlohe und Eltersdorf in die Regnitz fließt. Seinen Namen verdankt er wohl den ehemaligen Viehweiden (Huten). Der vielfältige alte Baumbestand gibt einen Eindruck vom ursprünglichen Zustand der feuchteren Reichswaldteile vor Forstwirtschaft und Streunutzung.

🚲 ... an der Weggabelung nach dem Schild auf der rechten Seite rechts, dann mehrere Überquerungen von Bachläufen
🚲 ... dem Weg weiter durch leicht ansteigendes Gelände folgen, bei Wegkreuzung am Waldrand links

6 Häfnerdenkmal

Nach ca. 500m erinnert auf der rechten Seite ein Gedenkstein an den königlichen Förster Albrecht Häfner aus Tennenlohe, der hier am 18. Mai 1899 plötzlich starb, als er aus seinem Jagdwagen stieg.

🚲 *...weiter geradeaus, bei abknickender Kreuzung (Pflaster im Boden) rechts auf die alte Dormitzer Str. und zur Brücke über die Autobahn (bis 1940 gebaut bis zur Anschlussstelle Tennenlohe)*
🚲 *...durch Felder und Wiesen nach Neunhof*
🚲 *...in Neunhof links, am Dorfplatz rechts*

Patrizierschloss und Barockgarten Neunhof

7 Patrizierschloss und Barockgarten Neunhof

Schloss Neunhof ist einer der besterhaltenen Herrensitze in der Umgebung von Nürnberg und wird seit 1956 vom Germanischen Nationalmuseum betreut. Reichsstädtische Patrizier erbauten in der Region etwa 100 vergleichbare Herrensitze, zum Teil waren es Fachwerkbauten auf einem Sandsteinsockel, zum Teil massive Steinbauten. Die Herrensitze dienten der Stadt ursprünglich als vorgelagerte Verteidigungsposten, sie waren wichtig bei der verwaltungsmäßigen und wirtschaftlichen Erschließung des Nürnberger Umlandes und dienten dem Nürnberger Patriziat als ländliche Sommerwohnsitze. Neunhof wurde im ersten Markgra-

Exkurs: Knoblauchsland

Im Norden von Nürnberg, eingerahmt von Fürth, Erlangen und Sebalder Reichswald, liegt das Knoblauchsland. Durch seine intensive landwirtschaftliche Nutzung wird das Gebiet auch als Gemüsegarten der drei angrenzenden Großstädte bezeichnet. Die Entstehung des Knoblauchslandes steht seit jeher in engem Zusammenhang mit Nürnberg. Die rasch anwachsende Stadt machte umfassende Rodungen der Wälder notwendig, um Agrarflächen zu schaffen und so die Bevölkerung mit Lebensmitteln versorgen zu können. Es entstanden zahlreiche Rodungsdörfer, deren Namen die Rodungstätigkeit und deren Grundriß die Rodungsrichtung an den von West nach Ost verlaufenden Straßen erkennen lassen. Mit Neunhof erreichten die mittelalterlichen Rodungen im 13. Jh. ihr Ende. Meist hervorgegangen aus den hochragenden turmartigen „Weiherhäusern", gehörten die Schlösser und Herrensitze des Nürnberger Patriziats zum Verteidigungsgürtel der Reichsstadt. Kraftshof und Neunhof sind so genannte „Ausbauorte" aus dem Hochmittelalter. Die Sakrallandschaft lässt sich an ehemaligen Wehrkirchen und kleinen Flurdenkmälern wie Martersäulen und Steinkreuzen ablesen. 1381 wird der Anbau des namengebenden Knoblauchs, der auch als Familienname nachgewiesen ist, erstmals erwähnt. Als die Bedrohung durch die Markgrafenkriege zunahm, beschloss der Nürnberger Rat, die Bauern militärisch in Hauptmannschaften zu organisieren. 1442 wurde das so genannte Bauernverzeichnis angelegt, in dem auch der Name „Knoblauchsland" zum ersten Mal urkundlich erwähnt wird. Klimatisch gesehen gehört das Knoblauchsland durch seine Lage im Mittelfränkischen Becken zu den begünstigten Gebieten Bayerns. Im Vergleich zu anderen Gemüseanbaugebieten ist es allerdings benachteiligt, denn die vorherrschenden Sandböden verursachen durch schnelle Wärmeaufnahme und -abgabe viele Fröste. Dadurch wird die Anpflanzung im Frühjahr oft verzögert und der Markt kann erst relativ spät mit

Gemüse aus dem Knoblauchsland beliefert werden. Zudem ist das Gebiet regenarm, da es im Regenschatten des Steigerwaldes liegt. Die jährliche Niederschlagsmenge ist mit rund 600mm für einen intensiven Gemüseanbau, für den etwa 900mm Jahresniederschlag erforderlich sind, zu gering. Das flachwellige, teilweise ebene Relief wird durch den einheitlichen geologischen Untergrund, den fränkischen Sandsteinkeuper bedingt. Während im Süden der Untergrund aus Blasensandstein besteht, deren ausgewitterte so genannte Tongallen dem Boden Fruchtbarkeit verleihen, herrschen im Norden überwiegend eiszeitliche Terrassensande der Regnitz vor, die sich besonders für den Tabakanbau eignen. Allerdings sind derartige Böden sehr durchlässig und besitzen einen nur geringen Nährstoffgehalt. Sie erfordern deshalb zusätzlich eine Bewässerung und Düngung. Im Laufe der Jahrhunderte gelang es den Bauern, die sandigen Böden mit Düngestoffen aus dem nahgelegenen Nürnberg zu verbessern und fruchtbaren Ackerboden zu schaffen. Auch legten sie Entwässerungsgräben an, um sumpfige Flächen landwirtschaftlich nutzbar zu machen und so die Nutzfläche zu vergrößern. Heute ist die Landwirtschaft im Knoblauchsland durch intensiven Anbau von Gemüse geprägt, erkennbar an Kultivierungsmaßnahmen wie Gewächshäusern, Plastikfolieneinsatz und künstlicher Beregnung. Während früher auch Heilkräuter und Gewürze eine Rolle beim Anbau spielten, werden nun überwiegend Gemüse und Salatsorten angebaut. Hinzu kommen noch Schnitt- und Topfblumen sowie Tabak. Absatzmarkt ist fast ausschließlich der nahe Großraum Nürnberg-Fürth-Erlangen, wo die Bauern ihre Erzeugnisse traditionell selbst vermarkten. Der Eindruck, die alte Kulturlandschaft wirke mangels Gehölzstrukturen relativ ausgeräumt und strukturarm, täuscht. Die vielfältige Landschaft bietet Lebensraum für viele Tier- und Pflanzenarten.

fenkrieg 1449 vollständig zerstört und erst gegen Ende des 15. Jh. wiederaufgebaut. 1503 wurde ein Zwinger mit festen Grabenmauern errichtet. Das Schloss im Typ des Nürnberger Weiherhauses wurde durch Dürers gleichnamiges Aquarell weltbekannt. Seit 1631 befindet sich das Anwesen im Besitz der Familie Kress.
Die seltene originale Inneneinrichtung des 16.–19. Jh. verfügt über eine prachtvolle Kochküche mit barockem Mobiliar und eine Prang-(Repräsentations-)küche. In der um 1740 eingerichteten Hauskapelle befinden sich zwei Flügel des ehemaligen Hauptaltars der Kraftshofer Kirche aus der Zeit um 1500 und eine bespielbare Schrankorgel aus dem 16./17. Jh.
Der 500qm kleine Barockgarten wurde 1962 nach einer überlieferten Darstellung aus dem 17. Jh. angelegt. Der große Garten wurde 1589 erworben und diente ursprünglich als reiner Nutzgarten. In einem Teil des Gartens befand sich ein Vogelherd, eine dichtstehende Baumgruppe, in der mit Hilfe von Leimruten und Netzen Singvögel für den Verzehr gefangen wurden. Heute ist das rund 13000qm große Areal im Stil des Frühbarocks gestaltet.
Öffnungszeiten:
Großer Garten (Schlosspark): Apr.–Okt. täglich 10–19 Uhr, Eintritt frei
Schloss und kleiner Barockgarten: Ostersamstag bis Ende Sept., Sa, Sonn- (Führungen 11 Uhr) u. Feiertag (außer 1. Mai) 10–17 Uhr, Eintritt Erwachsene 4 Euro, Ermäßigt 3 Euro

Heimatmuseum Neunhof
Neunhofer Schlossplatz 2, 90427 Nürnberg, Tel. 0911-305685
Öffnungszeiten: Apr.–Okt., So 13–17 Uhr, Eintritt 0,50 Euro
Das Heimatmuseum zeigt historische Gebrauchsgegenstände der ländlichen Bevölkerung im umgebenden Knoblauchsland aus den Bereichen Haus- und Feldarbeit, Handwerk, Wohnen, Kleidung (Tracht).

... weiter Richtung Süden nach Kraftshof, am Ortsausgang von Neunhof stehen vier Sühnekreuze und eine Marter, schon von fern ist die Silhouette der Kirche Kraftshof zu sehen

Wehrkirche Kraftshof im Knoblauchsland

⑧ Wehrkirche Kraftshof

Kraftshof wird 1269 erstmals urkundlich erwähnt, seit 1291 herrschen hier die Kress von Kressenstein. 1305–1315 errichtete Friedrich Kress die zu Ehren St. Georgs geweihte Kapelle. 1438–40 wurde die Kapelle auf die heutigen Ausmaße vergrößert und erweitert. Das Kircheninnere birgt Epitaphien der Kress, den Georgsaltar von 1490, den Marienaltar von 1480/90 und den Leonhardsaltar von 1467.

Die Wehrkirche St. Georg ist eine der drei Hauptkirchen des Knoblauchslandes. Die Befestigung der mittelalterlichen fränkischen Kirchenburg geht auf die Jahre 1505–1510 zurück. Die Wehrmauer mit einer teilweisen Höhe von 8m erhielt die Form eines unregelmäßigen Fünfecks. Insgesamt hat die Anlage fünf Wehrtürme und einen überdachten, teils begehbaren Wehrgang. Der dem Dorf zugewandte, immer stark gefährdete Eingang wird von zwei Türmen besonders geschützt. Ein in der Südostecke stehender Turm dient heute der Familie Kress als Gruftkapelle. 37

sarkophargartige Grabsteine erinnern an den 1870 aufgelassenen Friedhof. Die Kirche, die beiden Markgrafenkriegen sowie dem 30–jährigen Krieg standhielt, wurde 1943 durch englische Fliegerbomben zerstört und brannte bis auf die Außenmauern völlig ab. Dabei gingen der Marienaltar bis auf die Statue ohne Kranz, Kanzel, Fresken und weitere Teile der Innenausstattung verloren. 1949–1952 konnte sie durch eine großherzige Spende der Brüder Kress aus New York, deren Vorfahren 1752 nach Amerika ausgewandert waren, wiederaufgebaut werden.

Öffnungszeiten: von Ostern bis Allerheiligen, Sa, Sonn- u. Feiertag, in der Regel auch werktags

🚲 ... Kraftshof in östlicher Richtung (Friedhof) über Schiestl- und Lachfelder-Str. verlassen, nach ca. 300m links auf Sandweg in Richtung Wäldchen zum „Irrhain" abbiegen

❾ Irrhain

Die historische, in den vergangenen Jahrzehnten stark verwilderte Parkanlage gehört dem „Pegnesischen Hirten- und Blumenorden", der ältesten noch bestehenden barocken Sprach- und Literaturgesellschaft Deutschlands, die heute rund 90 Mitglieder zählt. 1644 wird der Blumenorden von Georg Philipp Harsdörfer (1607–1658) anläßlich einer Dichterkrönung mit Blumenkränzen gegründet. Versammelt am Ufer der Pegnitz, nennt er sich „pegnesisch". Zur Pflege und Erneuerung von Sprache und Dichtkunst ins Leben gerufen, huldigte der Poetenzirkel der Schäferdichtung und entwarf darin das Idealbild eines naturverbundenen Daseins. 1676 verhilft der Pfarrer von Kraftshof dem Orden zu einem neuen Versammlungsort in einem Hain bei Kraftshof. Mit ihren gewundenen Gängen, Sackgassen und Kreiseln stand die von Hecken umgebene Anlage für die Wirrnisse des Lebens, für das Labyrinth der Welt. Den Mittelpunkt bildete die Gesellschaftshütte am Ende einer Allee. Zusätzlich verfügte jeder Pegnitzschäfer über eine Poeten-Laube, die mit seinem Blumen-Emblem versehen war und in die er sich zur Dichtkunst zurückziehen konnte. Im so genannten Friedhof sammelten sich nach und nach Gedenksteine und Gedächtnistafeln zum Andenken an ehemalige Mitglieder. Heute ist das Poetenwäldchen nur noch ein Abglanz früherer Herrlichkeit. Augenfällig sind das steinerne Eingangsportal mit der Jahreszahl 1694, der „Lange Gang" und einzelne Stelen und Tafeln. Am ersten Sonntag im Juli findet das Irrhain-Fest statt, an dem auf der Naturbühne ein Irrhainspiel aufgeführt wird.

Der Irrhain bei Kraftshof

🚲 ... am nördlichen Ende des Irrhains Waldweg nach rechts folgen, an der ersten Kreuzung nach links

🚲 ... den Windungen des Wegs am Waldrand folgen bis zur Asphaltstraße, links zurück nach Neunhof

> **🏠 Einkehrziel: Zum Alten Forsthaus**
> Untere Dorfstr. 6, Neunhof, 90427 Nürnberg, Tel. 0911-305596
> **Öffnungszeiten:** 9–23 Uhr, warme Küche 11:30–14 Uhr u. 17–21 Uhr, Di Ruhetag
> Das schöne Knoblauchsländer Bauernhaus aus Sandstein mit Biergarten bietet neben fränkischer Küche nicht alltägliche Fischvariationen.
> **Bier:** Halbe St. Georgen 1,90 Euro

🚲 ... *Untere Dorfstr. weiter Richtung Großgründlach, auf kleiner Asphaltstraße zur Ampelkreuzung an der B4*

🚲 ... *Fahrradweg auf der linken Seite der Würzburger Str., nach etwa 1km rechts in die Schweinfurter Str. einbiegen*

🚲 ... *durch die schöne Dorfstraße ins Zentrum von Großgründlach*

❿ Großgründlach

1021 erstmals erwähnt und 1972 nach Nürnberg eingemeindet, hat Großgründlach heute über 5000 Einwohner. Sehenswert sind der Ortskern entlang der Hauptstr. mit der St. Lorenz-Kirche und dem benachbarten Schloss am erhöhten Nordende.

Mitte bis Ende des 13. Jh. soll die Burg an der höchsten Stelle des Ortes entstanden sein. Nach zweimaliger Zerstörung der Anlage verwandelte sich die mittelalterliche Burg 1685–95 in ein modernes Barockschloss. Die zweigeschossige Vierflügelanlage befindet sich seit Ende des 18. Jh. im Besitz der von Haller. Die Burgkapelle wurde später zur Dorfkirche vergrößert und 1303 der erste Pfarrer erwähnt.

Blick auf Schloss und Kirche in Großgründlach

1343 gelangte Großgründlach an die verwitwete Kundigunde von Orlamünde. Diese als „weiße Frau der Hohenzollern" bekannt gewordene Gräfin stiftete das Zisterziensernonnenkloster Himmelthron, das nach der Reformation 1525 aufgehoben wurde. Die Klosterkirche wurde nun Ev.-Luth. Pfarrkirche, umgeben von einer hohen Friedhofsmauer. 1674–1681 wurde die Kirche in barocker Form neu errichtet. Sie birgt in ihrem Innern Glasgemälde, von Dürerschüler Hans Baldung Grien 1505 entworfen, und das Grabmal der „weißen Frau".
Öffnungszeiten: Mai–Aug. 7–20 Uhr, Apr., Sep., Okt. 7–19 Uhr, Nov.–Mär. 10–16 Uhr

> **Einkehrmöglichkeit: Zum Goldenen Schwan**
> Großgründlacher Hauptstr. 41, 90427 Nürnberg, Tel. 0911-301674
> **Öffnungszeiten:** ab 18 Uhr, So 11:30–14 Uhr, Mo u. Do Ruhetag
> **Bier:** Halbe Zirndorfer, Buttenheimer Kellerbier, Schlenkerla Rauchbier ab 2,20 Euro

🚲 *... nach der Kirche links in die Brucker Str. (Marter am Ortsausgang), über die Autobahn zurück nach Tennenlohe*

🚲 *... in Tennenlohe die zweite Straße links „Am Wolfsmantel", dann rechts in die Dornbergstr.*

🚲 *... geradeaus auf dem Franzosenweg durch die Brucker Lache zurück nach Erlangen*

Tour 10 Wehrkirchen an Zenn, Aurach und Regnitz

🏠 **Einkehrziel:** *Michelbacher Bürgerstuben in Obermichelbach*
🏠 *weitere* **Einkehrmöglichkeiten** *in: Hüttendorf*

Route >>> *Schlossplatz Erlangen – Bruck – Frauenaurach – Kriegenbrunn – Obermichelbach – Veitsbronn – Ritzmannshof – Flexdorf – Vach – Hüttendorf – Eltersdorf – Bruck – Schlossplatz Erlangen*

Strecke: ca. 35km, mäßige Steigungen, Wege überwiegend asphaltiert, ausgebaute Flurwege
Anschluss an andere Touren:
✓ von Eltersdorf nach Tennenlohe an Tour 9
✓ von Obermichelbach durch den Wald nach Burgstall an Tour 11

🚲 *... vom Schlossplatz zur Unterführung Güterhallenstr.*
🚲 *... weiter zur Hochstraße und rechts auf die Brücke über den Frankenschnellweg, dann links auf den Radweg Richtung Bruck in die Pommernstr., später Bayernstr. und Leipziger Str. bis zum Herzogenauracher Damm*
🚲 *... über die Regnitz und rechts hinunter in den Wiesengrund, links unter der Brücke durch*
🚲 *... vor uns liegt das Großkraftwerk Franken (siehe Tour 11), rechts durch die Kanalunterführung und geradeaus nach Frauenaurach (siehe Tour 11)*
🚲 *... in Frauenaurach nach der Kirche links in die Brauhofgasse, weiter dem Weg folgen, über die Aurach (Tafel zur Natur im Aurachtal), an einem alten Bierkeller (heute Domizil für Fledermäuse) vorbei, unter der Autobahn hindurch, über die Pappenheimer Str. nach Kriegenbrunn*

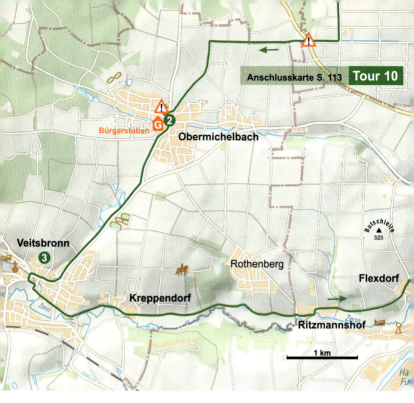

❶ Kriegenbrunn

Bereits zwischen 700 und 550 v. Chr. gab es erste menschliche Siedlungen im Gebiet des heutigen Kriegenbrunn. Dies belegen Funde aus Gräbern der Hallstattzeit, die 1930 vom Hauptlehrer Konrad im Regnitzwald (Krähenholz) entdeckt wurden. Der Wald auf der Hochebene zwischen Regnitz und Aurach, auf der das heutige Kriegenbrunn liegt, heißt noch heute „Römerreuth", ein Name, der nach einer Volkssage auf eine Niederlage der Römer zurückgehen soll. In den Jahren 1132 bis 1157 wohnte hier ein Edelmann namens „Egino von Chriegenbronnen". Zuerst wurde der Ort „Chriec gen Bronnen", dann später „Krieg am Bronnen" und schließlich seit Mitte des 17. Jh. „Kriegenbrunn" genannt. Im 30–jährigen Krieg wurde das Dorf vollständig zerstört, der Neuaufbau erfolgte mit Auswanderern aus Österreich. 1972 kam es zur Eingemeindung nach Erlangen. Die Einwohnerzahl ist bis heute auf über 1500 angestiegen. Ein Kleinod ist die Ev.-Luth. Filialkirche St. Johannes der Täufer, eine romanische Chorturm- und Wehrkirche, deren Entstehungsgeschichte bis in das 9. Jh. zurückreicht. Der massige Turm geht in das 14. Jh. zurück, das Langhaus dürfte zu Beginn des 15. Jh. entstanden sein. Sie birgt frühgotische Wandmalereien und zeigt auch das brandenburgische

Die kleine Dorfkirche in Kriegenbrunn

Wappen (um 1120 n. Chr.). Besonders erwähnenswert ist der um 1490 entstandene dreiflügelige spätgotische Altar der Hl. Anna mit der Mutter Gottes und dem Jesuskind in der Mitte sowie der Hl. Katharina und der Hl. Barbara an den Seiten. Auf einem Fresko unter der Empore an der Nordwand werden zwei Frauen und über ihnen der Teufel dargestellt. Er hält eine der beiden am Kopf fest und warnt so vor dem Schwätzen während des Gottesdienstes. Die Wehrmauer der alten Friedhofsbefestigung ist östlich und südlich noch in etwa 3m Höhe bis zum Wehrgang erhalten, so dass hier – neben Büchenbach – die am besten erhaltene mittelalterliche Kirchenbefestigung im Erlanger Stadtgebiet zu sehen ist.

🚲 ... *vom Dorfplatz rechts in die Römerreuthstr., an der Weggabelung am Ortsausgang den linken der drei Wege nehmen*
🚲 ... *auf der Höhe scharfe Rechtskurve, an der nächsten Kreuzung wieder links*
🚲 ... *am Wasserbehälter Aussicht nach Erlangen und Nürnberg*
🚲 ... *danach rechts auf die Asphaltstraße, die Straße Vach-Niederndorf kreuzen*
🚲 ... *weiter geradeaus, nach der Baumallee an der Kreuzung links nach Obermichelbach*

❷ Obermichelbach

Die Gemeinde Obermichelbach wurde 1808 aus den Orten Obermichelbach, Untermichelbach und Rothenberg gebildet und zählt heute ca. 2900 Einwohner. Der 1370 erstmals genannte Ort Obermichelbach liegt auf einer Hochfläche zwischen dem Aurachtal im Norden und dem Zenntal im Süden.
Die Ev.-Luth. Pfarrkirche Hl. Geist (bis 1660 St. Jakob) liegt in einem ummauerten Friedhof, die spätmittelalterliche Kirchhofbefestigung ist zum Teil noch erhalten. 1337 erstmals genannt ist der Chorturm aus dem 15. Jh. der älteste Gebäudeteil. Nach einem großen Brand 1634 wurde das Langhaus 1660/68 wiederaufgebaut.

> 🍴 **Einkehrziel: Michelbacher Bürgerstuben**
> Veitsbronner Str. 2a, 90587 Obermichelbach, Tel. 0911-8919873
> **Öffnungszeiten:** Mo u. Di ab 17 Uhr, Do–So ab 11 Uhr, Mi Ruhetag
> Die ehemalige Bubenreuther Bürgerstuben der Familie Theil, bekannt für große reichhaltige Gerichte, befindet sich seit Juni 2003 in Obermichelbach. Terrasse und Biergarten
> **Bier:** Halbe St. Georgen 2,20 Euro

🚲 ... *auf dem Radweg rechts entlang der Veitsbronner Str. nach*

Innenansicht der Kirche in Veitsbronn

❸ Veitsbronn

Vom Dorfplatz mit dem so genannten Totenraststein führt eine steinerne Treppe zur Ev.-Luth. Pfarrkirche St. Veit, die über dem Ort inmitten eines befestigten Friedhofes liegt. Am Treppenaufgang befindet sich der Veitsbronnen, dessen Quellwasser als heilsam bei Augenleiden galt. Die heutige Kirche stammt im wesentlichen aus der 2. Hälfte des 14. Jh., die spätmittelalterliche Wehrmauer ist gut erhalten. Die Innenausstattung mit fünf Altären zählt zu den bemerkenswertesten Kunstdenkmälern der weiteren Umgebung. Eine Besonderheit sind die jährlichen Wallfahrten der katholischen Christen aus Herzogenaurach zum Gnadenbild der Muttergottes, obwohl die Kirche selbst evangelisch ist.

Exkurs: Wehrkirchen um Erlangen

Mit der Befestigung der Dorfkirchen einschließlich der Friedhöfe wurde in Franken etwa um 1300 begonnen. Im ausgehenden Mittelalter strebten die Fürsten mit rücksichtsloser Gewalt nach der Ausdehnung ihres Herrschaftsgebietes. Leidtragende der vielen Kleinkriege waren die Bauern, die sich nicht auf eine Burg zurückziehen konnten. So wurde die Dorfkirche, meist der einzige Steinbau im Ort, zur Zufluchts- und Verteidigungsstätte ausgebaut. Um den Gegner frühzeitig erkennen und bekämpfen zu können wurde die Kirche selbst nach Möglichkeit auf einem Hügel oder zumindest freistehend erbaut. Der Kirchturm wurde mit Schießscharten versehen, die Friedhofsmauer verstärkt und das Eingangstor befestigt. In einigen Fällen erhielt die Friedhofsmauer zur besseren Verteidigung einen Wehrgang. War er zusätzlich mit Wehrtürmen versehen, kann man schon von einer Kirchenburg sprechen. Besonders wichtig war, dass der Eingang immer dem Ort zugewandt lag, damit bei Gefahr die Bevölkerung samt Hab und Gut sich schnellstens hinter die Schutzmauer flüchten konnte. Auch ein Brunnen durfte nicht fehlen, um Mensch und Vieh mit Wasser zu versorgen. So entstanden aus der Not heraus die Wehrkirchen, von denen es zwischen Ansbach, Nürnberg und Rothenburg o. d. T. besonders viele gibt. Anders als Burgen oder Stadtbefestigungen sind Wehrkirchen und Kirchenburgen wenig untersucht worden. Der Großteil der Anlagen stammt jedenfalls aus der zweiten Hälfte des 15. Jh. und dem frühen 16. Jh. Heute ist nur noch ein Teil der einstigen kirchlichen Wehranlagen erhalten, nachdem die Behörden im 19. Jh. die Verlegung der Friedhöfe nach außerhalb der Orte angeordnet hatten und zahlreiche Bauwerke als nicht mehr zeitgemäß abgerissen wurden.

Im Erlanger Stadtgebiet finden sich Reste von Wehrkirchen in Bruck, Büchenbach und Kriegenbrunn. Bekannter sind die Kirchenburgen in Kraftshof (Tour 9), Hannberg (Tour 2) und Effeltrich (Tour 4).

🚲 ... vom Dorfplatz in die Nürnberger Str., über die Kreuzung geradeaus in die Kreppendorfer Str.

🚲 ... von Kreppendorf den Ritzmannshofer Weg durchs schöne Zenntal nach Ritzmannshof

🚲 ... in Ritzmannshof links in die Flexdorfer Str. nach Flexdorf

🚲 ... in Flexdorf links halten und dann rechts auf der Straße „Zum Ringelgraben" auf die Kanaltrasse Richtung Erlangen

Radweg am Europakanal

4 Vach

Mit der Weihe der ersten Kirche 1059 wird der Ort als „Uache" erstmals genannt. Der Name bedeutet soviel wie „Vorrichtung zum Aufstauen des Wassers, Fischwehr" (vgl. „Fächer"). 1422 wurden Langhaus und Chor erbaut. Nach Zerstörung im ersten Markgrafenkrieg entstand 1450 die heutige Ev.-Luth. Pfarrkirche St. Matthäus, die mit ihrer Lage über dem Regnitztal und ihrem rötlichen Anstrich weithin sichtbar ist. Die starke Kirchhofmauer, die Schießscharten am Turm und die Scharwachttürmchen am Chor zeugen noch von ihrer einstigen Wehrhaftigkeit. Mittlerweile hat der Main-Donau-Kanal das Landschaftsbild um Vach, das seit 1972 zu Fürth gehört, stark verändert.

🚲 ... nach der Brücke bei Hüttendorf den Kanal nach links verlassen

❺ Hüttendorf

Zwischen Vach und Hüttendorf unterquert den Kanal die Trasse für den „Hüttendorfer Damm", eine in den 1970er Jahren geplante Straße über den Regnitzgrund. Die Trasse sollte von Tennenlohe über die Eltersdorfer Autobahnzubringerspange bis nach Obermichelbach verlaufen. Ökologische Bedenken und finanzielle Schwierigkeiten haben dazu geführt, die Idee von Erlanger Seite fallen zu lassen, während Fürther Politiker die Straße immer wieder als Ortsumgehung für das stark verkehrsbelastete Vach ins Gespräch bringen. Die Kanalunterquerung ist heute nur zu Fuß zugänglich und bildet eine wertvolle Möglichkeit für Wildtiere, zwischen beiden Kanalseiten zu wechseln.
Hüttendorf wurde bereits im 13. Jh. erwähnt, der 30–jährige Krieg brachte die völlige Zerstörung. 1721 wurde hier der spätere amerikanische General Johann Kalb (Geburtshaus Vacher Str. 11) geboren. 1972 nach Erlangen eingemeindet wird heute die Einwohnerzahl mit knapp 650 gezählt. Auf der Gemarkung liegt ein Schwerpunkt der noch verbliebenen Landwirtschaft im Stadtgebiet.

> **⌂ Einkehrmöglichkeit: Landgasthof Popp**
> Hüttendorfer Str. 1a, 91056 Erlangen, Tel. 0911-761122
> **Öffnungszeiten:** durchgehend warme Küche 11–21 Uhr, kalte Küche bis 22 Uhr (Sonn- u. Feiertag 16–22 Uhr), Di Ruhetag
> schattige Terrasse, eigene Metzgerei
> **Bier:** Halbe Kitzmann 2 Euro

🚲 *... über den Kanal, dann rechts über die Regnitz und links*

❻ Butzenweiher im Regnitztal

Die aufgrund regelmäßiger Überschwemmungen und hohen Grundwasserstands fruchtbaren Böden des Regnitztals werden als Grünland genutzt. Große Teile der Regnitzwiesen sind bereits als Landschaftsschutzgebiet ausgewiesen, da sie für typische Tier- und Pflanzenarten, das Stadtklima und als Naherholungsraum von großer Bedeutung sind. Der bis zu 1,5km breite und bereits stark zerschnittene Talraum wird durch Kosbacher Damm (siehe Tour 1) und Hüttendorfer Damm gefährdet. Der Butzenweiher, benannt nach einem ehemaligen Gemeindearbeiter, ist wahrscheinlich ein Altwasserrest der Regnitz oder der Gründlach, die früher anders verlief. Durch Hochwasser kommt es immer wieder zum Austausch des Weiherwassers, Schilfröhricht entlang des Ufers schützt den Boden vor Abschwemmungen. Im Weiher wachsen Wasserkresse und Teichrosen, außerdem laichen hier seltene Libellen.

Die Egidienkirche in Eltersdorf

🚲 *... weiter nach Eltersdorf hinein*

❼ Eltersdorf

1021 wird Eltersdorf erstmals urkundlich erwähnt. In den Markgrafenkriegen und im 30-jährigen Krieg brannte der Ort nieder, die St. Egidienkirche aber blieb verschont. Die evangelische Kirche ist nach Egidius, dem Schutzpatron der Hirten und des Viehs benannt. Der viergeschossige Chorturm stammt den z.T. übereinstimmenden Steinmetzzeichen in Büchenbach und Bruck nach aus dem 14. Jh. Er ist der Rest einer alten Wehrkirche, während anstelle des barockisierten Langhauses 1909 ein neugotischer Bau

Blick auf St. Peter und Paul in Bruck

gesetzt wurde. Reste der ehemaligen hohen Wehrmauer sind am Friedhof zu sehen. Im Innern erzählt das Bild der Hl. Kümmernis von 1513 die Legende der unglücklichen Königstochter Wilgefortis. Diese hatte Christus um einen Bart gebeten, um so der Heirat mit einem heidnischen Prinzen zu entgehen. Daraufhin lieferte ihr eigener Vater sie dem Kreuzestod aus.
1972 eingemeindet, zählt Eltersdorf heute rund 3900 Einwohner.

🚲 *... Richtung Bruck über die Autobahn, vorbei an fünf Steinkreuzen*

8 Bruck

1282 erstmals urkundlich erwähnt, entstand Bruck wohl im 11./12. Jh. Die Lage an der Regnitzbrücke – dem damals einzigen leistungsfähigen Übergang zwischen Vach und Baiersdorf – eröffnete den Anschluss an alte Handelsstraßen. Mit der Industrialisierung entwickelte sich der 1924 eingemeindete Stadtteil immer mehr zum Arbeitervorort. Der mächtige Turm der alten Pfarrkirche St. Peter und Paul und die Fachwerkhäuser rund um den Marktplatz zeugen von der langen eigenständigen Geschichte des Ortes, der heute über 20000 Einwohner zählt.

Die evangelische Pfarrkirche gehört zu den bedeutendsten mittelalterlichen Sakralbauten an der Regnitz. Weithin sichtbar ist der 68m hohe viergeschossige Chorturm mit Spitzhelm und charakteristischen Scharwachttürmchen. Die Wehrmauer des 1446 erweiterten befestigten Kirchhofs, der bis in die Mitte der heutigen Fürther Str. hineinreichte, ist an der West- und Nordseite z.T. noch erhalten. Der spätgotische Schnitzalter (1507–1518) ist neben dem kleinen Schnitzaltar der Kriegenbrunner Kirche der älteste in Erlangen. 1726 wurde der spätromanische Bau barockisiert.

Die Idee spitzfindiger Brucker Bauern, das auf dem Kirchendach gewachsene Gras abzuweiden, wurde einer Ziege zum Verhängnis. So bekamen die Brucker ihren Spitznamen „Gaßhenker". Diesen machte sich dann 1970 die Faschingsgesellschaft zu eigen.

🚲 *... über die Leipziger Str., Bayernstr. und Pommernstr. zurück nach Erlangen*

Tour 11 Im Aurachtal nach Herzogenaurach

🏠 **Einkehrziel:** *Landgasthof Bär in Burgstall*
🏠 *weitere* **Einkehrmöglichkeiten** *in: Herzogenaurach*

Route >>> *Schlossplatz Erlangen – Bruck – Frauenaurach – Kriegenbrunn – Hauptendorf – Burgstall – Herzogenaurach – Hauptendorf – Niederndorf – Neuses – Steudach – Büchenbach – Schlossplatz Erlangen*

Strecke: ca. 29km, mäßige Steigungen, Wege überwiegend asphaltiert, ausgebaute Flurwege
Anschluss an andere Touren:
✓ von Herzogenaurach nach Beutelsdorf an Tour 1
✓ von Kriegenbrunn an Tour 10
✓ von Burgstall nach Obermichelbach an Tour 10

🚲 *... vom Schlossplatz zur Unterführung Güterhallenstr.*
🚲 *... weiter zur Hochstraße und rechts auf die Brücke über den Frankenschnellweg, dann links auf den Radweg Richtung Bruck in die Pommernstr., später Bayernstr. und Leipziger Str. bis zum Herzogenauracher Damm*
🚲 *... über die Regnitz und rechts hinunter in den Wiesengrund, links unter der Brücke durch*

❶ Großkraftwerk Franken

1964 begann in den Gemarkungen von Kriegenbrunn und Frauenaurach der Bau eines neuen Kohlekraftwerks, das 1966 als „Franken II" den Betrieb aufnahm. Die Nähe des Industrieschwerpunkts Nürnberg-Fürth-Erlangen, die Entnahmemöglichkeit von

Kühlwasser aus der Regnitz, die Lage an Eisenbahn und Main-Donau-Kanal zum Transport der verwendeten Ruhrkohle sowie die Nähe zu bestehenden Hochspannungsleitungen waren Gründe für die Standortwahl. 1971 im Wettbewerb „Industrie und Landschaft" prämiert, erhielt das Großkraftwerk 1986 eine Rauchgasentschwefelungs- und eine Abwasseraufbereitungsanlage. Nachdem eine seit den 1980er Jahren beantragte Erweiterung der Anlage um einen dritten Block und einen Kühlturm 1995 nach jahrelangen Protesten zurückgezogen wurde, brachte die Deregulierung des deutschen Strommarkts plötzlich große Überkapazitäten an den Tag. Dies führte 2000 zur Übernahme der Anlage durch den E.ON-Konzern und ein Jahr später zur Stilllegung. Ende 2002 wurde ein Erlanger Wahrzeichen, der 202m hohe und 35 Jahre alte Schornstein des Kohlekraftwerks Franken II gesprengt. Binnen vier Sekunden war der höchste Industrieschlot Bayerns nur noch ein Haufen Schutt.

...rechts durch die Kanalunterführung und an der Aurach entlang

❷ Frauenaurach

1271 erstmals urkundlich erwähnt, wurde Frauenaurach 1972 nach Erlangen eingemeindet und zählt heute knapp 3300 Einwohner.
Wie Erlangen, Bubenreuth, Baiersdorf, Kriegenbrunn usw. gehörte Frauenaurach einst zum Markgrafentum Bayreuth (siehe Tour 5). Das Dominikanerinnenkloster Frauenaurach wurde 1267 gegründet und 1271 die Klosterkirche vollendet. Im Bauernkrieg 1525 flüchtete das Klosterkonvent nach Nürnberg, mit dem Tod der Priorin K. v. Wallenrod 1549 wurde das Kloster aufgehoben und im 2. Markgrafenkrieg 1553 niedergebrannt. In den Jahren 1586–88 baute man die Klosterkirche wieder auf. 1616 ließ Markgraf Christian an der Stelle des Dormitoriums des zerstörten Klosters ein Schloss erbauen. Das nach den Verwüstungen des 30–jährigen Krieges wiederhergestellte Gebäude diente v.a. als Jagdschloss und markgräfliches Gästehaus. Nach Vollendung des Schlosses

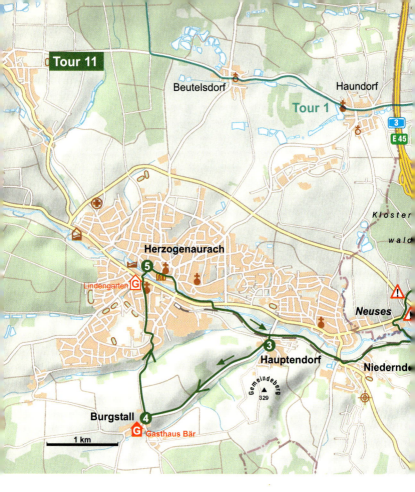

in Erlangen 1704 verloren die Markgrafen das Interesse an dem veralteten Bau. Um 1710 richtete man darin eine Kaserne ein und 1788 ein Getreidemagazin. 1859/62 wurde das Schloss abgebrochen. Heute steht auf dem Gelände u.a. die 1889 erbaute alte Schule.

Die heutige Ev.-Luth. Pfarrkirche St. Matthäus wurde ursprünglich im romanisch-gotischen Übergangsstil erbaut, davon zeugt noch das eindrucksvolle spätromanische Kirchenportal, der älteste Gebäudeteil in Erlangen. An der Südseite des Langhauses finden sich noch Reste des ehemaligen Kreuzgangs. Sehenswert

sind neben Resten gotischer Bauplastik eine farbig gefasste Muttergottes von 1320, der barocke Säulenaltar von 1695/96 sowie Grabsteine und Epitaphien des 15.–18. Jh. Der jetzige Zustand der Klosterkirche ist ein beachtliches Beispiel protestantischen, ländlichen Barocks mit Baustilen der Romanik und Gotik.
An die ehemalige Eigenwirtschaft im weiträumigen Klosterareal erinnern die 1530 erwähnte Klostermühle, die älteste der ehemals drei Frauenauracher Mühlen, und die frühere, ursprünglich zum Kloster gehörige Brauerei aus dem 15. Jh., heute die älteste Mälzerei in Erlangen.

Das romanische Kirchenportal der ehemaligen Klosterkirche in Frauenaurach

Museum im Amtshausschüpfla
Brauhofgasse 2b, Tel. 09131-992171
Öffnungszeiten: Mai–Nov. jeder 1. So, 14–17 Uhr u. nach Vereinbarung, Eintritt frei, Spende erwünscht
Das Amtshausschüpfla war früher ein kleiner Schuppen, der zum ehemaligen markgräflichen Amtshaus in Frauenaurach gehörte. Das Gebäude wurde im 13. Jh. an die einstige Klostermauer angebaut und hatte im Laufe der Jahrhunderte verschiedene Funktionen inne. 1982 richtete der Heimat- und Geschichtsverein darin ein Ortsmuseum ein. Sechs verschiedene Abteilungen zeigen, wie früher im Frauenauracher Raum gewohnt und gearbeitet wurde und informieren über die Ortsgeschichte. So können eine Küche, eine Stube, eine Schlafkammer und eine Schuhmacherwerkstatt – alle im Zustand um 1920 – besichtigt werden. Außerdem gibt es in regelmäßigen Abständen volkskundliche Ausstellungen zu ortsbezogenen Themen.

300 Jahre altes Fachwerkhaus in Frauenaurach

🚲 *...nach der Kirche links in die Brauhofgasse, weiter dem Weg folgen, über die Aurach (Tafel zur Natur im Aurachtal), an einem alten Bierkeller (heute Domizil für Fledermäuse) vorbei, unter der Autobahn hindurch, über die Pappenheimer Str. nach Kriegenbrunn, vor den Schienen rechts Richtung Niederndorf*

🚲 *...in Niederndorf über die Straße nach Vach, weiter auf der rechten Seite der ehemaligen Bahnstrecke*

❸ Hauptendorf

Nach Zerstörung im 30-jährigen Krieg wurde der Ort 1650 neu besiedelt und zählt heute gut 900 Einwohner. 1894 erhielt Hauptendorf eine eigene Haltestelle an der 12km langen Lokalbahn Erlangen–Herzogenaurach. Diese erschloss über Bruck, Frauenaurach, Kriegenbrunn, Neuses und Niederndorf das Aurachtal und sollte so den Abfluss des Güter- und Personenverkehrs nach Nürnberg vermindern und die Position Erlangens als regionales

> **EXKURS: TEXTILINDUSTRIE IN DER REGION**
>
> Traditionell waren Tuchmacher in Erlangen ansässig. Doch mit der Ansiedlung der Hugenotten – Glaubensflüchtlingen aus Frankreich – Ende des 17. Jh. hielt neues Textilhandwerk Einzug in Erlangen. So lieferten die Weißgerber das Leder für die Handschuhmacher, von denen heute noch drei existieren. Daneben etablierten sich Hut- und Gobelinmanufakturen, wichtigster Gewerbezweig aber wurde die Strumpfwirkerei. Nach dem Niedergang der Textilverarbeitung im 19. Jh. konnte die Erlanger Baumwollspinnerei, besser bekannt als ERBA, die Tradition zumindest bis in die 80er Jahre des letzten Jahrhunderts fortsetzen. Auf dem ehemaligen Fabrikgelände steht heute der Färberhof. Erhalten sind noch die ERBA-Villa und die Arbeiterhäuser gegenüber des Zentralfriedhofs.
> Anders in Herzogenaurach. Seit dem Mittelalter ebenfalls stark vom Tuchmachergewerbe geprägt, ging man im 19. Jh. zur Herstellung von Schuhen über. 1920 beginnt die Erfolgsgeschichte der Gebrüder Dassler, die sich 1948 trennen. Adi Dassler gründet adidas, sein Bruder Rudolf Puma, heute beides weltbekannte Sportartikelfirmen. Der Werksverkauf dieser und auch anderer Unternehmen ist ein Magnet nicht nur in der Region.

Handelszentrum stärken. Der Bau des Kraftwerks Franken II und der Anschluss des Erlanger Hafens am Europakanal steigerten die Bedeutung der Bahn, dennoch wurde sie mangels Rentabilität 1984 stillgelegt. Mit einer Stadt-Umland-Bahn könnte die Strecke wie im Fall der Seku (siehe Tour 6 Exkurs) wiederbelebt werden.

🚲 ...in die Erlenstr., bergan nach Burgstall

❹ Burgstall

1348 erstmals urkundlich erwähnt, lag der Ort an einer schon im 11. Jh. bestehenden Alt- oder auch Heerstraße zwischen Burg-

farrnbach und Herzogenaurach. Der Ortsname und der benachbarte Burgwald deuten auf einen ehemaligen Adelssitz hin. Vermutlich wurden Reste einer mittelalterlichen Burganlage beim Bau des Anwesens „Schlossbauernhof" verwendet.
Heute zählt der Ortsteil von Herzogenaurach knapp 150 Einwohner.

> **Einkehrziel: Landgasthof Bär**
> Burgstall 29, 91074 Herzogenaurach, Tel. 09132-2725
> **Öffnungszeiten:** außer Mo täglich 11–14 Uhr, Mo, Di, Do 17–22 Uhr, Mi, Fr, Sa 17–23 Uhr, So Ruhetag
> warme Küche 12–14 Uhr u. 17:30–21 Uhr
> Karpfen, alle 14 Tage Schlachtschüssel
> **Bier:** Halbe Heller-Bier (Herzogenaurach) 2 Euro

... von Burgstall nördlich durch das Schleifbachtal nach Herzogenaurach

❺ Herzogenaurach

In der Urkunde König Heinrichs II. aus dem Jahr 1002 wird Herzogenaurach als „Uraha" erstmals erwähnt. Der Name leitet sich vom althochdeutschen „Ur" = Rind und „aha" = fließendes Wasser ab und deutet auf eine Viehtränke an der Aurach hin, deren fruchtbare Talböden die Bauern vermutlich schon seit dem 8. Jh. bewirtschafteten.
Im Jahr 1021 schenkte Kaiser Heinrich II. das einstige Königsgut dem von ihm gegründeten Bistum Bamberg. Im 14. Jh. wurden Herzogenaurach Stadtrechte verliehen und es erlebte seine Blütezeit als Handelszentrum. Im 14. und 15. Jh. wurde die Siedlung zwischen dem historischen Königshof und der Aurach mit einer massiven Stadtmauer und zwei eindrucksvollen Stadttürmen gesichert. Die beiden rund 28m hohen Tortürme sind heute Wahrzeichen Herzogenaurachs. Der Eingang des Türmersturms am ehemaligen Oberen Tor lag ursprünglich in 7m Höhe und war nur über den Wehrgang zu begehen, 1724 erhielt der Turm eine Laterne und eine Welsche Haube. Der Fehnturm, der östliche Torturm

Altes Rathaus in Herzogenaurach

mit vier Scharwachttürmchen, sicherte das ehemalige Niedere Tor des inneren Mauerrings. Im 13. Jh. aus massiven Buckelquadern errichtet, wurde er später zeitweilig als Stadtgefängnis genutzt. Auch diente er zur Verwahrung der städtischen Gelder und von 1908 bis zum Zweiten Weltkrieg war darin das Stadtmuseum untergebracht.

Historische Fachwerkbauten prägen die Altstadt. Der Lehensturm ist ein mittelalterlicher Wehrturm und war vermutlich Teil des früheren Kirchenbezirks. Das 1447 erbaute Bürgerhaus ist das ältestes Wohnhaus der Stadt. Die untere Badstube des Badhauses wurde von der Stadt 1456 in Privathand verkauft, 1699 wurde der mittelalterliche Fachwerkbau umgebaut und um ein Stockwerk erhöht. Am Gebäude ist eine Hochwassermarkierung aus dem Jahr 1941 zu sehen.

Bereits im 13. Jh. stand eine befestigte Anlage mit Burgfried und Wassergraben an der Stelle des 1719/21 erbauten Schlosses. Die ehemals zweiflügelige Schlossanlage mit Innenhof wurde 1967 mit den beiden Flügeln des neuen Rathauses geschlossen, an der Ost- und Westseite sind noch Teile der Befestigung zu sehen.

Die röm.-kath. Stadtpfarrkirche St. Magdalena wurde um 1400 auf einer hochwassersicheren Anhöhe errichtet und lag bis Ende des 15. Jh. außerhalb der Stadtmauer. Bei Grabungen wurden Fundamente eines romanischen Vorgängerbaus gefunden, der dem hl. Martin, dem Schutzpatron der Franken, geweiht war. Die

Fehnturm und St. Magdalena-Kirche in Herzogenaurach

mächtige gotische Kirche ist Zeugnis der wirtschaftlichen und politischen Zentrumsfunktion Herzogenaurachs im Spätmittelalter. Das Langhaus wird von einem bemalten hölzernen Tonnengewölbe überspannt, dem größten seiner Art in Nordbayern. Auch sonst beherbergt die Kirche eine interessante Ausstattung aus der Zeit der Spätgotik und des Barock.

An der Nordostecke des ehemaligen Friedhofs steht die kleine Marienkapelle. Das um 1200 errichtete Untergeschoss der Doppelkapelle diente einst als Beinhaus und heute als Kriegerdenkmal. Der Kirchenbezirk wird ergänzt durch das „Alte Spital" und das „Seelhaus". Diese Häuser wurden von reichen Bürgern gestiftet und dienten der Versorgung armer und kranker Mitbür-

ger. Heute ist im ehemaligen Spital das Stadtmuseum untergebracht. Sehenswert sind weiterhin das Alte Rathaus, das im Kern auf das Mittelalter zurückgeht, der Marktplatz zwischen den beiden Stadttürmen, die Hauptstraße mit ihren alten ortstypischen Ackerbürgerhöfen und der Kiliansbrunnen, an dessen Quelle nach alter Überlieferung der Frankenapostel Kilian bereits um 686 missioniert und getauft haben soll.
Heute ist Herzogenaurach mit ca. 23500 Einwohnern die größte Stadt im Landkreis Erlangen-Höchstadt.

> **Einkehrmöglichkeit: Lindengarten**
> Burgstaller Weg 2, 91074 Herzogenaurach, Tel. 09132-796411
> **Öffnungszeiten:** täglich 11–1 Uhr, am Wochenende 12–1 Uhr
> Das ehemalige Kurhotel Monopol bietet einen Biergarten unter Linden und einen Spielplatz. Warme Küche 11:30–14:30 Uhr u. 18–23 Uhr, kalte Küche durchgehend 11:30–0 Uhr. Ab 18 Uhr Selbstbedienung. Traditionelle Kirchweih am 2. Sonntag im Juli (10 Tage lang).
> **Bier:** 0,4 l Dorn-Bräu Vach ab 2,50 Euro

... von der Stadtmitte auf dem Aurachtal-Radweg Richtung Erlangen

... auf Höhe der INA-Werke rechts über die Ampel, links entlang der Schienen über Hauptendorf nach Niederndorf (mit 3200 Einwohnern der größte Ortsteil von Herzogenaurach)

... hinter Niederndorf links über die Aurachbrücke nach Neuses

... in Neuses rechts und am Ortsausgang Richtung Erlangen links auf die Fahrradstraße nach Steudach

... weiter nach Büchenbach, auf dem Kapellensteg über den Kanal, an der Neumühle vorbei über den Regnitzgrund, links zurück Richtung Stadtzentrum